STATISTIQUE DU VAR.

STATISTIQUE

DU VAR

ET

RÉSUMÉS GÉNÉRAUX DE LA STATISTIQUE DE L'EMPIRE

PAR

M. TEISSIER, Octave,

CHEF DE CABINET DE LA PRÉFECTURE DU VAR, MEMBRE-SECRÉTAIRE DE LA
COMMISSION DE STATISTIQUE DE DRAGUIGNAN.

DRAGUIGNAN,

IMPRIMERIE ET LITHOGRAPHIE DE P. GARCIN.

—

1855.

Le Ministère de l'Agriculture, du Commerce et des Travaux publics , vient de faire paraître sous le titre de : *Statistique de France.— Territoire et population* — le 14e volume d'une publication des plus intéressantes qui se continue depuis plusieurs années. Le 1er volume a paru en 1835.

Il est regrettable qu'un travail si important et si utile soit peu connu et partant peu apprécié , par cela seul sans doute qu'il est exécuté dans de vastes proportions. Les quatorze volumes *grand in quarto* dont il se compose, se trouvent, il est vrai, dans toutes les bibliothèques publiques et sont mis ainsi à la disposition de tout le monde, mais leur dimension et leur nombre effraient la plupart des lecteurs et ils ne sont consultés que par les rares personnes qui , faisant de la statistique une étude spéciale, se tiennent au courant des publications de ce genre.

Nous avons eu la pensée, et on nous en saura gré nous l'espérons, de réunir en un petit volume tous ceux des renseignements publiés dans cet excellent ouvrage, qui concernent spécialement le département du Var. Notre travail comprendra en outre quelques faits généraux, ainsi que les observations que nous a suggérées l'étude et la comparaison de certains chiffres.

Mais pour le rendre intéressant à la plus grande généralité des lecteurs, deux écueils étaient également à éviter dans la rédaction de ce petit ouvrage. S'il ne contenait que des notions de statistique démontrées par des chiffres, il pouvait être trouvé trop aride et trop concis; si au contraire, les rapprochements et les comparaisons de ces chiffres entr'eux étaient accompagnés de remarques et d'observations un peu étendues, et qui dans ce cas sépareraient les groupes de chiffres, on aurait pu dire avec quelque raison que ce n'était plus un simple travail de statistique.

Nous avons mis tous nos soins à éviter les deux extrêmes; nous sollicitons néanmoins la plus grande somme d'indulgence que l'on puisse accorder. Et ce travail que notre inexpérience laissera peut-être bien incomplet, sera pour le moins un jalon indiquant l'ouvrage complet et colossal dont celui-ci n'est qu'un faible extrait, et auquel nos lecteurs pourront alors avoir recours.

Notre travail n'étant qu'un résumé de l'ouvrage publié par le Ministère de l'Agriculture, nous avons suivi scrupuleusement l'ordre des matières de cet ouvrage.

Il est divisé en trois parties :

La première, relative AU TERRITOIRE, comprend : 1° la contenance superficielle de la France.—Sa division en *propriétés imposables*, *et terrains non imposables* et ses revenus; 2° les mêmes renseignements en ce qui concerne le département du Var, comparé avec les autres départements.

La deuxième partie concerne LA POPULATION. Elle renferme : 1° des résumés généraux en ce qui concerne la France ; 2° des renseignements détaillés en ce qui concerne la population du département du Var.

La troisième a pour titre : VOIES DE COMMUNICATION, et fait connaître : 1° celles de la France ; 2° celles du Var.

PREMIÈRE PARTIE.

———✦———

TERRITOIRE.

❦

TERRITOIRE DE LA FRANCE.

La contenance superficielle de la France est de 52,305,744 hectares 32 ares. (1)

Son territoire peut se diviser de la manière ci-après :

1° PROPRIÉTÉS IMPOSABLES NON BATIES

Terres cultivables.	25,581,658 h.	70 a.
Prés.	5,159,226	26
A reporter.	30,740,884 h.	96 a.

(1) Il y a lieu de remarquer que le cadastre commencé en 1808 et terminé en 1847 dans toute la France (sauf la Corse où il est encore en cours d'exécution répond à l'année moyenne 1827. Il ne saurait donc être considéré comme l'expression exacte des faits actuels.

Report. . . .	30,740,884 h.	96 a.
Vignes	2,090,533	58
Bois.	7,702,435	16
Vergers, pépinières, jardins	628,235	35
Oseraies, aulnaies, saussaies.	64.716	51
Carrières et mines.	4,175	74
Mares, canaux d'irrigations.	17,400	94
Canaux de navigation.	12,272	98
Landes, pâtis, bruyères, marais, montagnes incultes, terrains vagues. etc.	7,171,203	16
Étangs.	178,723	28
Olivets, amandiers, mûriers, etc. . .	110,724	60
Châtaigniers	563,986	26
	49,285,292 h.	52 a.

2° PROPRIÉTÉS IMPOSABLES BATIES.

La superficie des terres bâties est de **245,043** hect. **45** a. Le nombre des constructions est de **6,915,899** dont voici le détail :

Maisons, magasins, boutiques et autres bâtiments consacrés à l'habitation, au commerce et à l'industrie.	6,771,899
Moulins à eau et à vent.	88,332
Forges et fourneaux.	5,676
Fabriques, manufactures, usines.	23,881
Autres constructions industrielles.	26,111
TOTAL ÉGAL.	6,915,899

La contenance totale imposable est de **49,530,335** hect.

97 ares, divisée en 126,210,191 parcelles appartenant à 11,053,702 propriétaires.

Le nombre de côtes fournies est de 11,511,881, classées de la manière ci-après :

Au-dessous de 5 fr.	5,440,580
De 5 à 10 fr.	1,818,474
De 10 à 20 fr.	1,614,897
De 20 à 30 fr.	791,711
De 30 à 50 fr.	744,911
De 50 à 100 fr.	607,956
De 100 à 300 fr.	375,860
De 300 à 500 fr.	64,244
De 500 à 1,000 fr.	36,862
De 1,000 et au-dessus	16,346
TOTAL ÉGAL	11,511,841

3° OBJETS NON IMPOSABLES.

Routes, chemins, rues, places et promenades publiques	1,102,845 h.	47 a.
Rivières, lacs, ruisseaux	441,170	13
Forêts et domaines non productifs	1,057,164	09
Cimetières, presbytères, bâtiments d'utilité publique	14,771	06
Autres objets non imposables	159,557	60
	2,775,408 h.	35 a.

RÉCAPITULATION.

Propriétés non bâties imposables. . . .	49,285,292 h. 52 a.
Propriétés bâties imposables	245,043 45
Objets non imposables	2,775,408 35
Contenance superficielle de la France.	52,305,744 h. 32 a.

Le revenu cadastral de cette contenance totale est de 1,053,907,113 francs 56 centimes.

DÉPARTEMENT DU VAR.

TERRITOIRE, PRODUITS ET POPULATION COMPARÉS AUX AUTRES DÉPARTEMENTS.

Le Var, Préfecture de troisième classe, situé à une extrémité de la France, se trouvant par sa position topographique un des plus éloignés de la capitale, est classé dans l'opinion générale comme un des départements les moins importants. Nous tenons essentiellement à rectifier cette erreur trop accréditée, et il nous suffira pour atteindre ce but de com-

parer sous tous les rapports le département du Var avec les
départements de la plus grande et de la moindre importance
qui nous serviront ainsi d'échelle de proportion.

LA GIRONDE.

Le plus grand de tous les départements. Son étendue superficielle est de 974,032 h. 01 a.

VAR.

Contenance superficielle, 722,699
hect. 69 a. (360 lieues carrées.)

LA SEINE.

Le plus petit de tous les départements. Son étendue superficielle est de 47.594 h. 75 a.

On voit par les chiffres ci-dessus que, pour l'étendue
territoriale, le Var peut être placé en première ligne ; il
résulte de plus des recherches que nous avons faites, qu'il n'y
a en France que onze départements qui possèdent un territoire plus étendu.

Mais ce n'est pas seulement sous ce point de vue que le
département du Var nous semble digne de remarque, il l'est
surtout par la variété et la richesse de ses produits agricoles,
et aussi par les cultures exceptionnelles que nous devons à
la douceur de son climat.

C'est ce que nous démontrerons sans peine en mettant
sous les yeux du lecteur des chiffres comparatifs de chacun
de ses produits.

CHAPITRE PREMIER.

PROPRIÉTÉS NON BATIES IMPOSABLES.

TERRES LABOURABLES.

LA MARNE.		VAR.
610,128 h. 44 a.		114,236 h. 76 a.
PYRÉNÉES- ORIENTALES.		
89,626 h. 47 a.		

Le Var, on le voit, n'a, d'après les chiffres officiels, que bien peu de terrains labourables, relativement aux autres départements; mais si l'on veut considérer comme terre labourable tout terrain produisant des céréales, ce chiffre de 114,236 h. se trouvera presque doublé; rien de plus facile que de le démontrer.

Les terrains de ce département sont tellement fertiles qu'ils produisent presque toujours et simultanément deux récoltes. Les champs d'oliviers sont généralement ensemencés de céréales comme s'ils n'étaient pas plantés; à peine laisse-t-on sous l'arbre un terrain non ensemencé, égal en étendue au développement des branches de l'olivier; tout le reste doit être considéré comme terre labourable. Sur 66,000 hect. d'oliviers, par exemple, on peut hardiment compter 30,000 hect. de terre labourable.

La même observation doit être faite par rapport à la vigne. Les vignobles ne sont point disposés ici comme dans le Languedoc et autres contrées vinicoles où les rangées de ceps sont distantes l'une de l'autre d'un mètre, un mètre vingt-cinq centimètres; dans notre département la vigne est plantée le plus ordinairement à quatre mètres: il reste donc entre les deux allées de souches un espace, qu'on appelle berge ou *meyan*, ayant près de trois mètres de large, laquelle berge est très régulièrement ensemencée et donne des récoltes de légumes et de céréales. Il n'y a donc en général qu'un tiers pris par les vignes.

PRÉS.

CANTAL.		LE VAR.
226,636 h. 74 a.		8,108 h. 08 a.
VAUCLUSE.		
6,012 h. 58 a.		

Le Var est, après Vaucluse, le département de France qui possède le moins de prés. Il pourrait cependant prendre un meilleur rang à ce point de vue, si on utilisait toutes les eaux qu'il renferme.

Nous sommes d'autant plus fondés à le dire que nous lisons le passage suivant, si digne de remarque, dans le rapport adressé au Conseil Général, par M. Mercier-Lacombe, Préfet du Var (session de 1853).

« IRRIGATIONS. — Peu de départements, sous ce rapport, sont « dans une situation qui mérite plus de sollicitude que le Var. « Il suffit, pour s'en convaincre, de faire ce simple raison- « nement : un hectare de terre arrosé produit quatre ou cinq « fois plus qu'un hectare non arrosé ; or, les ressources du « département en eaux courantes, permettant de porter à « 45,000 hect. (1), la surface arrosée qui est aujourd'hui de « 6,000 h., le revenu territorial augmenterait de près de « 4,000,000 de fr. et même de plus de 5 millions, si on « adopte la plus value moyenne que donnent les matrices « cadastrales. »

Dans la même session, le Conseil Général a voté sur la pro- position de M. le Préfet un crédit de 1,500 fr. pour encou- ragement aux travaux d'irrigation. Un crédit de pareille somme a également été voté en 1854.

Nous croyons savoir en outre que des syndicats pour la meilleure distribution des eaux se créent sous la surveillance de l'administration dans un grand nombre de communes.

_____

(1) Voir le travail de M. Bose, géomètre en chef du cadastre, sur les cours d'eau du Var.

La situation s'améliore donc d'une manière évidente et nous ne doutons pas que dans quelques années la superficie des prés ne soit doublée.

VIGNES.

LA GIRONDE.

Le premier département par son étendue; il occupe également le premier rang pour la culture de la vigne. 133,156 h. 65 a.

VAR.

Superficie de terres plantées en vignes : 70,573 h. 25 a.

Pour ce qui concerne la vigne, le Var se trouve dans des conditions de supériorité très marquée relativement aux autres départements; il n'y en a que sept qui possèdent une étendue plus considérable de terrains vinicoles.

Ce calcul est basé sur les chiffres posés officiellement par le cadastre commencé en 1808, et terminé en 1847, dont la moyenne correspond à l'année 1827; mais les documents plus récents que nous avons sous les yeux, portent à un quart en sus l'étendue actuelle des terrains complantés en vignes.

Nous ne devons pas négliger aussi de faire remarquer que le Var possède des qualités de vins généralement estimés. Les vins de la Gaude, de Saint-Tropez, de Lamalgue et de Lantier, sont goûtés par les connaisseurs et nous pouvons attester sans crainte d'être démentis, que si les propriétaires des vignobles du Var voulaient se donner la peine de soigner un peu leurs produits ils pourraient obtenir des vins d'une qualité très supérieure. Nous avons pu apprécier par nous même la valeur des vins de paille et des vins mousseux obtenus dans ce département, et il nous semble qu'ils pourraient supporter la comparaison avec les crûs les plus renommés.

BOIS.

LANDES.

Département le plus boisé après le Var.

233,244 h. 41 a.

MANCHE.

Département le moins boisé.

24,146 h. 64 a.

LE VAR

est le département qui possède la plus grande étendue de bois.

275,023 h. 57 a.

On voit par les chiffres ci-dessus, que le Var est doté sous ce rapport bien plus avantageusement que tous les autres départements, puisque celui des Landes qui possède le plus de forêts après le Var, en a cependant quarante-deux mille hectares de moins.

Les forêts du Var, occupant une superficie totale de 275,023 h. 57 a., se divisent de la manière ci-après :

1° Bois communaux soumis au régime forestier.   48,460 h. 39 a.
2° Bois de l'État soumis au régime forestier . .   10,480   86
3° Bois non soumis au régime forestier appartenant aux communes ou aux particuliers. . 216,082   32

TOTAL. . . . . 275,023 h. 57 a.

Indépendamment de ces 275,023 h. 57 a. classés comme bois par le cadastre, on compte encore 178,944 h. 09 a. en nature de landes, pâtis et bruyères.

Ainsi l'étendue du sol forestier du département est en réalité de 453,968 h. 48 a, soit 70 p. 0/0 de la contenance totale évaluée par le cadastre à 722,000 h. environ.

Sous le rapport des essences qui le peuplent, les 48,460 h. de bois communaux soumis au régime forestier peuvent se décomposer de la manière suivante :

10,543 hect. peuplés en chênes-blancs.
10,462   —   chênes-verts.
  963   —   chênes-lièges.
14,912   —   en pins maritimes.
 7,162   —   en petits pins maritimes et en pins d'Alep.
 3,158   —   en pins sylvestres.
 1,105   —   en hêtres.
  195   —   en sapins.

Cette division des essences paraît pouvoir être appliquée aux bois non soumis au régime forestier. Mais il nous a été impossible d'obtenir des renseignements positifs à cet égard.

Nous ne pouvons donc faire connaître la contenance superficielle occupée par les chênes-lièges, qui tiennent cependant une large place dans le commerce et l'industrie du département.

Cette essence précieuse dont la valeur va toujours croissant, ne vient que dans les terrains de première formation et dans la zône chaude du département. On la trouve en quantité appréciable et faisant l'objet de produits souvent considérables , dans les forêts de la Garde , Bormes , Collobrières , Pierrefeu , la Garde-Freinet , le Cannet-du-Luc , Vidauban , le Plan-de-la-Tour, les Arcs, le Muy, Saint-Raphaël, Fréjus, Roquebrune, le Puget, Carnoules , Callas , Bagnols , Saint-Paul-de-Fayence , Montauroux , Valbonne et Vallauris

L'écorce produite par nos chênes-liéges est toute mise en œuvre dans le département. On n'en exporte pas au dehors. L'extension qu'a prise la fabrication des bouchons exige même une importation qui tend tous les ans à s'accroître. Cette industrie , inconnue il y a un demi-siècle , est exercée maintenant dans 20 communes et emploie constamment plus de 1,000 ouvriers.

Le chêne-blanc se trouve également en assez grande quantité dans nos forêts; il est même fort recherché pour les constructions navales; malheureusement les coupes trop fréquentes que l'on a opérées depuis 20 ans ont pour ainsi dire épuisé cette essence. Il n'existe presque plus de chênes-blancs à l'état de futaie. Ils sont exploités très-jeunes en taillis et ne servent guère qu'au charbonnage.

Mais la principale richesse forestière du département consiste dans l'exploitation des bois de chênes-verts. Nous ne connaissons pas d'une manière positive la contenance supercielle qu'ils occupent ; cependant nous croyons savoir qu'elle est de 55,000 hectares. C'est d'ailleurs le chiffre donné par M. le conseiller général , comte de Sinéty , dans un remarquable rapport qu'il a lu au Conseil général dans la session de 1854, au sujet de la question importante de l'exportation de l'écorce à tan.

-   Or, l'immense rendement de ces sortes de bois est assez connu pour que nous nous contentions de passer légèrement sur leur mode d'exploitation.

Tous les douze ou quinze ans, au plus, on procède à la coupe de ces bois taillis. Pour pratiquer cette opération, une grande partie de la population agricole se transforme en bucherons (1), elle émigre dans les bois qu'elle se subdivise en petits lots; chaque famille y construit sa cabane et le mois de mai étant arrivé, les travaux commencent. C'est un plaisir alors de voir l'animation qui règne partout; les uns, ce sont les plus robustes, coupent les branches et les dépècent; les autres les emportent auprès de leur cabanne où les femmes sont occupées à les écorcer, tout en apprêtant un repas frugal qui cuit dans une marmite perchée sur deux pierres et sous laquelle les jeunes enfants entretiennent le feu.

Pour se faire une idée exacte de l'activité qui préside à ces travaux, il faut y avoir assisté; on peut cependant s'en rendre compte en sachant que ces bucherons sont payés à raison du travail qu'ils font, c'est-à-dire, à tant par cent kilog. de bois et d'écorce. Aussi le mois de mai est-il pour eux une première moisson d'espèces.

(1) La ville de Rians seule envoie dans les forêts plus de 600 personnes rapport de M. de Sinéty, membre du Conseil général).

Mais là ne se borne pas le produit qu'on retire des terrains complantés en chènes-verts. Les propriétaires autorisent ces mêmes ouvriers à défricher (1) ces terrains après la récolte de l'écorce à tan, moyennant une réserve ou redevance ; le blé que l'on sème sur ces terres, incultes depuis une quinzaine d'années et engraissées par le détritus des feuilles, pousse avec une vigueur extraordinaire, et donne d'abondantes moissons qui enrichissent le cultivateur tout en donnant au propriétaire de fort jolis bénéfices.

L'écorce ou soit le tan est ensuite vendu aux fabriques de tannerie ou exporté. Il résulte des renseignements recueillis par M. le comte de Sinéty, et qui se trouvent consignés dans le rapport dont nous venons de parler, que l'on extrait annuellement des chènes-verts seize millions de kilogr. de tan. L'industrie locale en emploierait plus de quatre millions.

Nous avons lu dans un travail très-consciencieux soumis au Conseil général (session de 1852) par M. Deval, inspecteur des forêts, que le rendement moyen des 48,460 hect. de bois communaux soumis au régime forestier est de 291,000 fr. environ, soit à peu près 6 fr. par hectare.

Ce chiffre nous paraît bien faible. M. Deval fait remarquer,

(1) On entend ici par *défricher*, non pas détruire le bois pour rendre le terrain à l'agriculture, mais seulement cultiver le terrain pendant deux ou trois années. Cette opération est plûtôt profitable que nuisible aux chènes-verts que l'on évite avec grand soin d'endommager.

d'ailleurs, que ce rendement a été beaucoup plus considérable à une autre époque.

Nous pouvons sans crainte d'exagération nous servir de ce chiffre de 6 fr. par hectare pour calculer la valeur totale des forêts du département. Nous avons vu qu'elles occupent, en y comprenant les bruyères et landes, qui sont plus ou moins boisées, une superficie de 453,968 hectares 48 ares ; ce qui, multiplié par 6 francs, donne un total de 2,723,810 francs 68 cent.

Dans cette somme ne sont pas compris tous les produits que l'on peut tirer du sumac, de la lavande, des arbousiers, des tubercules d'asphodèle, etc., qui se trouvent en grande quantité dans les forêts de l'arrondissement de Grasse.

Toutes les forêts du département donnent des produits précieux pour l'agriculture : nous voulons parler des feuilles mortes et des plantes herbacées. Ces produits sont convertis en engrais. On en extrait au moins 200,000 charges par an ce qui représente un somme de 100,000 fr. environ.

Quelques forêts donnent des truffes noires et blanches, très-estimées.

Il nous reste à parler des forêts de châtaigniers; mais voulant suivre en tous points l'ordre des matières adopté par l'ouvrage qui est la base de notre travail, nous y consacrerons un paragraphe spécial.

VERGERS, PÉPINIÈRES, JARDINS.

SEINE-INFÉRIEURE.

46,801 h. 57 a.

LE VAR.

1,404 h. 36 a.

BASSES—ALPES.

378 h. 80 a.

Pour ce qui concerne les vergers, les pépinières et les jardins, le département du Var comparé aux autres départements, eu égard aux chiffres, occupe, nous en convenons, un rang bien inférieur, et la raison en est bien simple:

On trouve des arbres fruitiers dans toutes les terres labourables du département, et ils y sont en quantité suffisante pour fournir les fruits nécessaires à la consommation; de là vient qu'un grand nombre de propriétaires regardent comme inutile d'avoir un jardin ou un verger et que, par suite, l'étendue superficielle consacrée exclusivement à l'horticulture est si minime.

Quant aux pépinières, on en compte une dixaine qui occupent ensemble une superficie de 50 hectares environ.

Comme nous l'avons déjà dit, le département est un vaste verger; certains fruits y sont tellement abondants que, dans beaucoup de communes rurales, on ne choisit que les plus beaux pour le propriétaire, on laisse ensuite cueillir et manger le reste par tout voyageur ou chasseur, sans y trouver à redire, car la plupart de ces fruits tombent sous l'arbre qui les a produits et ne sont ramassés que pour être donnés en nourriture aux bestiaux.

Quelques communes du département fournissent des fruits connus dans toute la France et même à l'étranger ; tels sont les marrons de la Garde-Freinet et du Luc, les prunes de Brignoles, les figues de Grasse, les pêches de Salernes, du Muy, etc., etc.

La même application peut être faite sous le rapport horticole ; en effet, les fleurs naissent sous les pas du laboureur, les bœufs de sa charrue broutent les rosiers, le lilas et même le jasmin à chaque bout de sillon, sans que le bouvier les en empêche. Le département est donc un immense jardin et ce n'est pas sans raison que le Var a été appelé jardin de la France. Cependant on a cru devoir classer comme jardin ce qui est entièrement clos ou spécialement destiné à la culture des orangers ou des fleurs.

L'oranger, cet arbre à fruits d'or, ne peut être cultivé en France que dans notre seul département. Il y couvre une superficie de 197 hect 49 a. 70 cent. divisées en 21 communes.

Ollioules offre aux yeux des voyageurs, une étendue de 7 hectares de jardins et de champs remplis d'orangers et produisant, année moyenne, de 8 à 10 mille fr. On cultive encore dans le territoire de cette ville toutes les fleurs des climats les plus chauds, mais plus spécialement l'immortelle qui est expédiée tous les ans dans toutes les grandes villes, et surtout à Paris, par milliers de caisses.

La renommée a donné aux jardins d'Hyères une célébrité si européenne, qu'il nous paraît inutile et superflu d'en parler longuement ; nous dirons seulement que cette ville envoie ses légumes verts, ses fruits de toute espèce, ses fraises même, jusqu'à Paris (1).

L'arrondissement de Grasse possède 90 hect. 50 cent. d'orangers qui donnent annuellement 290 à 300 mille kilog. de fleurs dont la valeur est de 145 à 150 mille francs par an. Les fruits de ces mêmes arbres donnent encore un produit de 7 à 8 mille francs

Sur le même territoire sont récoltés la lavande, les roses, le jasmin, la menthe, la cassie, la tubéreuse, la jonquille, etc., etc. Ces fleurs livrées aux distillateurs rendent en moyenne 250 mille francs par an. C'est sans aucun doute les parfums suaves qui s'exhalent de toutes ces fleurs qui firent donner à la ville de Grasse le nom de *Gueuse parfumée*.

OSERAIES, AUNAIES ET SAUSSAIES.

LANDES.

4,735 h. 81 a.

HAUTE-VIENNE.

0 h. 25 a.

VAR.

90 h. 55 a.

Nous nous bornons à donner le chiffre du Var comparé à

(1) On cultive aussi dans l'arrondissement de Toulon le câprier ; il y couvre une superficie de 45 hect 31 ares 70 cent.

ceux des départements des Landes et de Haute-Vienne, n'ayant aucune observation à faire relativement à ces terrains.

LANDES, PATIS, BRUYÈRES, MONTAGNES INCULTES, TERRES VAINES ET VAGUES.

LES LANDES.		
424.271 h. 38 a.		LE VAR.
LA SEINE.		178,h44 h. 09 a.
154 h. 10.		

Cette étendue qui n'est pas déjà très-considérable, si l'on remarque combien le terrain de ce département est montueux doit être diminuée de beaucoup par suite des défrichements, plantations et travaux de drainage qui ont été opérés depuis l'époque où ces renseignements ont été recueillis (1).

ÉTANGS.

L'AIN.		
18,858 h. 41 a.		LE VAR.
ARDÈCHE.		748 h. 73 a.
0 h. 19 a.		

Les étangs, comme on le voit, n'occupent qu'une surface insignifiante dans le Var, et ils ne peuvent donner lieu à aucune observation.

---

(1) Ces contenances sont celles données par le cadastre, dont les opérations remontent à une date déjà ancienne.

OLIVIERS, AMANDIERS, MÛRIERS.

BOUCHES-DU-RHÔNE.

22,126 h. 67 a.

MAINE-ET-LOIRE.

16 h. 09 a.

LE VAR.

42,527 h. 50 a.

Ces arbres ne sont cultivés que dans 12 départements. Dans ce petit nombre le département du Var occupe le premier rang, celui des Bouches-du-Rhône, classé immédiatement après, n'en possède que 22,126 hect., c'est-à-dire, à peu de chose près, moitié moins. Mais ces chiffres, ainsi que nous l'avons déjà fait remarquer, se rapportent à l'année 1827. Ils sont évidemment au-dessous de la vérité, surtout en ce qui concerne l'olivier. En effet, un travail de statistique publié en 1846 par M. Noyon, porte la superficie des terrains occupés par les oliviers à 54,787 hect. Cette évaluation n'est même plus exacte aujourd'hui ; il résulte des derniers documents officiels recueillis à ce sujet que la superficie des terrains plantés d'oliviers est de 66,752 hectares.

L'olivier cultivé avec grand soin dans tout le département s'y trouve répandu sous diverses variétés. Ainsi, dans les terrains situés au nord et par conséquent les plus exposés au froid on préfère une qualité d'oliviers que l'on taille tous les trois ou quatre ans et dont le fruit moins gros donne une qualité d'huile plus délicate. Dans les pays plus chauds, au contraire, on cultive une variété que l'on ne taille jamais et que l'on se contente de fumer soigneusement ; son fruit est plus gros mais l'huile qu'il produit est moins recherchée.

La quantité d'huile récoltée annuellement avait été portée par M. Noyon à 50,000 h.; elle est aujourd'hui de 55,000 h. au moins, mais l'on doit observer que ces arbres ne donnent ordinairement du fruit de bonne qualité qu'une année sur deux ; la mauvaise année ils ne portent que très peu de fruits et encore est-il ordinairement rongé par un ver qui gâte complètement l'olive, et l'huile est alors de si mauvaise qualité qu'on ne peut l'employer que pour la fabrication du savon.

Les MURIERS qui fournissent de si grandes ressources pécuniaires à notre département doivent plutôt être comptés par leur nombre que par la superficie qu'ils occupent. Il est peu de plantation de mûriers, c'est-à-dire, de terrains affectés exclusivement à cette culture ; ils sont plantés en cordon au bord des propriétés. Or, comme la propriété est divisée en bien petites parcelles dans ce département, le nombre de ces arbres en est d'autant plus considérable. Ils sont aussi disposés en allées, ou bien encore placés à chaque extrémité des rangées de vigne ; leur culture se répand de plus en plus et comme cet arbre vient partout, les propriétaires recherchent tous les coins improductifs de leurs domaines pour y planter des mûriers qui prospèrent plus ou moins selon la qualité du sol, mais dont le rendement paie toujours bien amplement la dépense de culture qu'ils occasionnent ; beaucoup d'agriculteurs plantent aussi le mûrier nain soit en quainconce, soit en forme de haie. La feuille provenant de cette variété est cueillie et donnée de préférence aux vers-à-soie. Lors de leurs premiers âges, cette qualité de feuille plus délicate se trouve alors mieux en rapport avec cet insecte dont l'éducation forme une branche si considérable des revenus agricoles et industriels.

Dans sa statistique, publiée en 1846, M. Noyon portait à près de deux millions le nombre de mûriers de différents âges, non compris les mûriers nains ; cette quantité a augmenté depuis dans la proportion de 10,000 pieds environ, tous les ans.

L'AMANDIER croît partout, mais il n'est guère cultivé que dans la partie nord et pierreuse des arrondissements de Brignoles et de Draguignan. Chaque propriétaire en possède un certain nombre, sans toutefois y attacher une grande importance et en faire l'objet de soins particuliers.

CHATAIGNERIES.

DORDOGNE.	LE VAR.
58,235 h. 49 a.	3,852 h. 37 a.

Le châtaignier qui n'exige presque aucun soin ni aucune culture pourrait être multiplié à l'infini dans la chaîne des

Maures où il semble venir de lui-même , et où il lutte contre le chêne-liége, chaque fois qu'un incendie de bois résineux laisse aux propriétaires le choix de l'essence qui doit succéder aux pins.

Vingt-trois communes sont dotées de châtaigneries. Ces communes se partagent les bénéfices donnés par les marrons dont la réputation s'étend jusqu'à Paris et dont le produit annuel est à peu près d'un million de francs.

RÉCAPITULATION.

Les *Propriétés non bâties imposables du département du Var*, qui font l'objet du premier chapitre , se décomposent ainsi qu'il suit :

Terres labourables.	114,236 h.	76 a.
Prés.	8,108	18
Vignes.	70,553	25
Bois.	275,022	57
Vergers, pépinières , jardins.	1,424	36
Osseraies, aulnaies , saussaies.	90	55
Carrières et mines.	»	»
Mares, canaux d'irrigation, abreuvoir . . .	»	07
Canaux de navigation	»	»
Landes, pâtis, bruyères, tourbières, marais, rochers, montagnes incultes, terres vaines et vagues	178,944	09
Étangs.	743	73
Olivets, amandiers, mûriers.	42,521	50
Châtaigneries	3,852	27
	695,509 h.	33 a.

CHAPITRE II.

PROPRIÉTÉS BATIES IMPOSABLES.

Les propriétés bâties imposables couvrent une superficie de 2,048 h. 14 a.; elles sont au nombre de 83,695. En voici le détail :

Maisons, magasins, boutiques et autres bâtiments consacrés à l'habitation, au commerce et à l'industrie . . . . 80,875 h.

Moulin à eau et à vent. 1,194

Forges et fourneaux. 46

Fabriques, manufactures, usines. 1,258

Autres constructions industrielles 322

TOTAL ÉGAL. 83,695

Si nous comparons la situation du Var à celle des autres départements par rapport aux constructions bâties, le rapprochement sera encore en sa faveur.

En effet, prenons pour terme de comparaison la Gironde, qui est le premier département de France par son étendue et le quatrième par sa population.

La Gironde possède 48,540 propriétés bâties, occupant une superficie de 3,724 hect.

Le Var en compte 83,695 , occupant une superficie de 2,048 hect.

Le Var renferme donc, à peu près, deux fois autant d'immeubles bâtis que la Gironde.

Si l'on considère, d'un autre côté, que la population de la Gironde est de beaucoup supérieure à celle du Var (614,387 au lieu de 357,967 , soit près du double) il en résulte que les immeubles du premier département contiennent quatre fois plus d'habitants que ceux du second.

Mais cette comparaison entre les propriétés bâties des deux départements donne lieu à une autre observation.

Les terrains bâtis occupent dans la Gironde une superficie d'un tiers plus grande que dans le Var (3,724 hect. au lieu de 2,048). Or, comme le nombre d'immeubles est du double dans ce dernier département, il en résulte que l'espace affecté aux constructions dans le Var est plus petit que dans la Gironde.

Cette différence provient sans doute de ce que le Var possède moins de grandes constructions affectées à l'industrie, de ce qu'il a moins de petites communes et aussi de l'élévation des constructions. Dans les hameaux, les habitations n'ont, en effet, qu'un étage, tandis que dans nos grosses communes les maisons en ont plusieurs.

Cette différence peut également être attribuée à la rareté des constructions rurales toujours plus spacieuses. Les cultivateurs du Var, on le sait, habitent peu la campagne, ils

rentrent volonticrs dans les villages après leurs travaux,
c'est ce qui rend nos communes si populeuses. L'agglomération pourrait avoir de fàcheux résultats pour la santé publique
si l'air n'était pas aussi pur et le climat aussi sain. Il y a lieu
de remarquer, en outre, que ce surcroît de population
provenant des champs ne passe que la nuit dans les maisons ;
les habitations sont par conséquent vides toute la journée et,
le mistral aidant, elles sont bientôt purifiées.

D'ailleurs, les maisons seraient-elles habitées jour et nuit
qu'elles se trouveraient encore dans de meilleures conditions
d'hygiène que celles de la Gironde, puisque d'après le calcul
qui précède nous avons quatre fois autant d'immeubles bâtis
relativement à la population.

REVENU IMPOSABLE.

La contenance imposable du département du Var est de
697,757 hect 47 ares, divisée en 965,047 parcelles, appartenant à 108,084 propriétaires (1).

Le nombre des cotes est de 110,477 classées de la manière
suivante :

(1) Ces renseignements et les suivants sont extraits du travail cadastral commencé en 1808 et achevé en 1843.

Côtes au-dessous de 5 fr.	. . . .	43,848
— de 5 à 10 fr.	. . . .	20,416
— de 10 à 20 fr.	. . . .	19,256
— de 20 à 30 fr.	. . . .	9,476
— de 30 à 50 fr.	. . . .	8,203
— de 50 à 100 fr.	. . . . . .	5,832
— de 100 à 300 fr.	. . . . . .	3,097
— de 300 à 500 fr.	. . . . . .	409
— de 500 à 1,000 fr.	. . . . .	181
— de 1,000 et au-dessus	. . .	59
Nombre égal. . . .		110,477

Le revenu imposable du département du Var a été évalué par le cadastre, en 1829, à 12,678,878 hect. 43 cent.

Ce chiffre ne saurait être pris pour base de la fortune immobilière du Var. Tout le monde sait, en effet, que le revenu imposable n'est pas le revenu *net réel*, mais le *revenu cadastral*, c'est-à-dire un revenu très-arbitrairement estimé par les classificateurs et notablement inférieur au revenu net réel.

Cette différence entre le revenu cadastral et le revenu net réel s'explique facilement, si l'on considère que dans les départements agricoles les classificateurs sont obligés de tenir compte de la moins-value considérable que peut faire subir une mauvaise récolte aux propriétés imposables.

Il faut remarquer, en outre, que depuis 1829, la valeur des propriétés a de beaucoup augmenté.

Ces diverses considérations nous font ajouter foi aux renseignements que l'on nous a donnés pour très-exacts et d'après lesquels le revenu réel du département du Var s'élèverait, aujourd'hui, lorsque les récoltes ont été bonnes, à plus de 30 millions.

Il est bien entendu que, par les motifs que nous venons d'exposer et par beaucoup d'autres que nous n'avons pas à discuter ici, ce chiffre ne saurait, en aucune façon, servir de base à l'assiette de l'impôt.

OBJETS NON IMPOSABLES.

Les *objets non imposables* occupent une superficie totale de 25,052 h. 22 a., qui se divise ainsi qu'il suit :

Routes, chemins, rues, places et promenades publiques.	8,080 h.	54 a.
Rivières, lacs, ruisseaux.	7,857	90
Forêts et domaines non productifs	8,311	11
Cimetières, presbytères, bâtiments d'utilité publique, superficie des églises.	68	81
Autres objets non imposables.	733	86
TOTAL ÉGAL.	25,052 h.	22 a.

RÉCAPITULATION GÉNÉRALE.

Propriétés non bâties imposables.	695,509 h.	33 a.
Propriétés bâties imposables	2,048	14
Objets non imposables :	25,052	22
CONTENANCE TOTALE. . . .	722,609 h.	69 a.

DEUXIÈME PARTIE.

———◆———

POPULATION.

POPULATION.

PÉRIODES DE DOUBLEMENT DE LA POPULATION — CAUSES

DE SON ACCROISSEMENT.

FRANCE.

La France, dont la superficie totale est de 52,305,744 h., se divise en 86 départements, 363 arrondissements, 2,817 cantons et 36,820 communes.

Sa population qui était en 1801 de 27,349,167 habitants, s'élevait, au moment du dernier recensement quinquennal, (1851) à 35,783,170 (1).

La population de la France s'est donc accrue, en 50 ans, de 8,434,167 habitants; soit en moyenne : 162,603 indi-

---

(1) Nous croyons qu'il n'est pas tout à fait hors de propos de faire connaître ici les renseignements publiés dans la géographie universelle de Malte-Brun sur la population du monde.

« Le nombre total des hommes, dit-il, peut aller de 7 à 800 millions. Dans « cette évaluation, l'Europe est comprise pour 240 millions, l'Asie 360, l'Afri- « que pour 70, l'Amérique pour 50 et l'Océanie pour 20 millions.

« Si on évalue le nombre total des humains à 700 millions, le rapport entre

vidus par année. Nous en concluons qu'elle doit se doubler en 167 ans, même en tenant compte des guerres et des épidemies qui peuvent la décimer pendant cette période (1).

« les décès et les vivants de 1 à 33. et celui entre les naissances et les vivants de « 1 à 29 1/2, on trouve les résultats suivants pour la totalité du globe.

	NAISSANCES.	MORTS.
Dans une année	23,728,813	21,212,121
— un jour.	65,010	58,120
— une heure	2,708	2,420
— une minute . . .	45	40
— une seconde . . .	75/100	66/100

En FRANCE, le nombre des naissances est de 949,594. Celui des décès de 848,348. Ce qui donne :

	NAISSANCES.	MORTS.
Pour une année	949,594	848,348
— un jour.	2,601	2,324
— une heure	108	96
— une minute	1, 8/10	1, 6/10
— une seconde . . .	3/100	2/100

Dans le VAR, le nombre des naissances, année moyenne de 1841 à 1850, est de 8,949. Celui des décès de 9,401. Soit.

	NAISSANCES.	MORTS.
Dans une année	8,949	9,401
— un jour.	24	25
— une heure	1, 2/10	1, 7/100

(1) D'apes M. Legoyt, (Dictionnaire de l'économie politique, page 406). Le doublement pourrait s'effectuer en 128 ans; mais M. Legoyt reconnaît lui-même que ce chiffre, calculé sur l'accroissement de 1801 à 1821, est inexact en ce sens qu'il donne une période de doublement trop rapide. Nous pensons donc que le chiffre de 167 ans est plus près de la vérité. D'abord parce que nous avons opéré sur une période d'accroissement beaucoup plus longue et aussi parce que, en comparant le chiffre de la population de 1700 qui était de 19,669,320, et celui d'aujourd'hui qui est de 35,783,170, on remarque qu'en 155 ans, la population s'est accrue de près du double.

Cette augmentation de 8,434,467 habitants provient :

1° De l'excédant des naissances sur les décès ; il a été de 7,588.865 de 1801 à 1850.

2° De l'émigration étrangère qui doit être évaluée à. . . 845.302

Total égal. 8,134,167

Le recensement de 1851 ne porte le nombre des étrangers domiciliés en France qu'à 379,289 ; mais la différence qui existe entre ce chiffre et celui de 845.302, que nous venons d'indiquer, ne doit pas étonner ; on sait, en effet, avec quelle difficulté s'effectuent les opérations du recensement, et cette difficulté est nécessairement plus grande, lorsqu'il s'agit de recenser un petit nombre d'individus répartis sur une surface très-étendue.

Pour faire connaître quel a été l'acccroissement progressif de la population, en France, de 1801 à 1851, nous allons donner le chiffre de population qui a été constaté au moment de chaque dénombrement.

En 1801	27,349,003	habitants.
1806	29,107,425	—
1821	30,461,875	—
1826	31,858,937	—
1831	32,509,223	—
1836	33,540,910	—
1841	34,217,719	—
1846	35,400,486	—
1851	35,783,170	—

POPULATION DES PRINCIPALES VILLES DE FRANCE.

- Marseille est, après Paris, la ville qui a le plus d'habitants.

Toulon est celle dont la population s'est accrue dans la plus forte proportion depuis 1801.

Jusqu'en 1835, la population de Lyon a été plus considérable que celle de Marseille, mais à partir de 1836 cette dernière ville a pris le premier rang pour ne plus le quitter.

Celà résulte du tableau ci-après qui fait connaître, par périodes de 5 et de 10 ans, la marche de l'accroissement dans les principales villes de l'Empire.

Tableau de la population totale des principales villes de France d'après les recensements faits en

	PARIS.	MARSEILLE	LYON.	BORDEAUX	LILLE.	TOULON.
1801. .	546,856	111,130	109,500	90,992	54,756	20,500
1811. .	622,636	102,217	105,931	93,699	61,467	28,380
1821. .	713,966	109,403	149,471	89,202	64,291	30,798
1831. .	774,338	115,115	133,715	99,062	69,073	28,449
1836. .	909,126	146,239	150,814	98,705	72,005	35,322
1846. .	1053,897	186,889	175,965	125,520	75,430	62,944
1851. .	1053,262	198,945	177,190	130,927	75,795	69,474
Accroisse-ment total.	506,406	87,815	67,690	39,935	21,039	48,974

On remarquera que la population de Toulon a plus que

triplé en 50 ans, sans avoir éprouvé aucune diminution pendant cette longue période.

Que celle de Paris s'est presque doublée, mais qu'elle a subi une légère diminution pendant la période de 1846 à 1851.

Que celle de Marseille n'a pas cessé de s'accroître depuis 1821, mais qu'elle avait subi une diminution notable pendant la période de 1801 à 1811. Cette observation s'applique, d'ailleurs, à un assez grand nombre de villes.

Il en est de même pour Lyon.

La population de Bordeaux a eu alternativement de bonnes et de mauvaises périodes; ainsi, en 1811 augmentation; en 1821, diminution; en 1831, augmentation; en 1836, diminution; enfin, en 1846 et 1851, augmentation.

Celle de Lille n'a pas eu de période décroissante, elle s'est toujours augmentée de 1801 à 1851.

DÉPARTEMENT DU VAR.

La superficie territoriale du département du Var est de de 722,609 hectares. Ce département est divisé en 4 arrondissements, 35 cantons, 203 communes. Sa population; d'après le dernier recensement, de 1851, est de 357,967. elle n'était en 1804 que de 271,703; elle s'est donc accrue de 86,264 habitants en 50 ans.

Ce chiffre est inférieur à celui que donne l'excédant des naissances sur les décès.

Naissances de 1801 à 1850. 474,445

Décès   —   361,141

Soit un excédant de. 113,304

Si l'on déduit de cet excédant des naissances sur les décès le chiffre de 86,264 habitants dont le département s'est accru, on trouvera une différence de 27,040 à laquelle il faut ajouter 12,899 étrangers. Total 39,939.

Ces 39,939 individus qui manquent à la population de notre département, ont sans doute émigré à l'étranger ou en Algérie, ou se sont répandus dans les autres départements.

Quoiqu'il en soit, l'excédant des naissances sur les décès est de 113,304 pour 50 ans. Soit de 2,266 environ par année.

La population du Var qui était de 271,703 en 1801 pourrait donc se doubler en 119 ans si l'on ne tenait pas compte des émigrations.

Il en résulte que notre département fournit un plus large contingent de naissances et moins de décès que les autres départements, ou qu'il se trouve dans une meilleure situation économique, puisque, d'après la moyenne que nous avons établie plus haut, il faudrait à la population de la France une période de 167 ans pour se doubler.

D'ailleurs, si nous opérons sur l'ensemble de la population et sur son accroissement total pendant 50 ans, sans tenir compte de la diminution provenant des émigrations à l'étranger et à l'intérieur, nous aurons encore une période de doublement moins longue que celle de la moyenne des autres départements.

Ainsi, d'après le tableau suivant qui fait connaître les résultats des recensements effectués de 1801 à 1851, l'accroissement total a été de 86,264 individus pour 50 ans, soit de 1,725 et une fraction, pour une année; or, en multipliant ce nombre par 157, nous obtenons 271,000 habitants environ, c'est-à-dire le chiffre de la population en 1801.

Le doublement s'effectuerait donc en 157 ans dans le Var, tandis que pour la France la période de doublement est en moyenne, ainsi que nous venons de le dire, de 167 ans.

ANNÉES.	DRAGUIGNAN.	BRIGNOLES.	GRASSE.	TOULON.	TOTAUX.
1801 . . .	73,254	65,242	55,222	77,985	271,703
1806 . . .	75,342	66,084	56,247	85,587	283.260
1821 . . .	80,656	69,877	61,496	93,067	305,096
1826 . . .	83,204	71,170	63,367	93,354	311,095
1831 . . .	86,709	71,062	65,488	98,427	321,686
1836 . . .	86.873	71,136	66,383	99,012	323,404
1841 . . .	84,514	68,953	65,164	109,379	328,010
1846 . . .	86,998	68,857	66,150	127,854	349,859
1851 . . .	86,079	68,664	67,753	135,471	357,967
Augmentation de 1801 à 1851.	12,825	— 3,422	12,531	57,486	86,264

Pour faire connaître d'une manière plus détaillée l'accroissement progressif de la population dans le département du Var nous donnons ci-après, comme complément de celui qui précède, le tableau du mouvement de la population des chefs-lieux d'arrondissement pendant la même période de 50 ans.

ANNÉES.	DRAGUIGNAN.	BRIGNOLES.	GRASSE.	TOULON.
1801. . .	6,561	5,460	12,521	20,500
1811. . .	7,480	5,440	12,262	28,380
1821. . .	8,816	5,848	12,553	30.798
1831. . .	9,804	5,940	12,716	28,419
1836. . .	9.794	5,652	12,825	35,322
1846. . .	9,876	5,584	11.676	62,944
1851. . .	8,972	5,809	11.802	69,474
Augmentation.	2,411	349	»	48,974
Diminution, .	»	»	719	»

L'examen de ces deux tableaux donne lieu aux observations suivantes :

La population du département du Var s'est accrue de 86,264 habitants en 50 ans.

La ville de Toulon entre pour plus de la moitié dans cette augmentation.

L'arrondissement de Toulon est par conséquent celui dont la population s'est accrue dans la plus forte proportion.

Vient ensuite l'arrondissement de Draguignan, dont le

chef-lieu a augmenté de 2,411 habitants pendant cette période. (6,561 en 1801 et 8.972 en 1851.)

La population de l'arrondissement de Grasse s'est augmentée dans une proportion à peu près égale, mais son chef-lieu a perdu 719 habitants. La ville de Grasse possédait, en effet, 12,521 habitants en 1801 et n'en avait plus que 11,802, en 1851, époque du dernier recensement.

Il y a lieu de remarquer que Cannes, chef-lieu de canton, situé dans le même arrondissement, a vu, au contraire, sa population s'accroître de près du double en trente ans. (2,804 habitants en 1821 et 5,557 en 1851). Cannes est une ville d'avenir, son port, dont le mouillage a été rendu plus sûr par la construction récente d'un môle, a acquis une grande importance commerciale depuis cette époque. Il sert à l'exportation des huiles, eaux de fleurs d'orangers, parfumeries de toute espèce, figues, savons et salaisons, et reçoit en retour du blé, des farines et du sel.

La ville de Brignoles a gagné 319 habitants en 50 ans, mais la population de cet arrondissement ne s'est augmentée que de 3,422 habitants pendant cette longue période.

CAUSES DE L'ACCROISSEMENT DE LA POPULATIO EN FRANCE ET SPÉCIALEMENT DANS LE DÉPARTEMENT DU VAR.

Nous examinerons d'abord quel a été le mouvement de la population pendant la période décennale de 1841 à 1851.

Le Tableau ci-après fait connaître ce mouvement en ce qui concerne la France.

FRANCE.

		1841.		1851.	
HOMMES	Enfants et non mariés.	9,671,059		9,972,233	
	Hommes mariés. . . .	6,478,020	16,898,399	6,936,217	17.794,959
	Veufs.	749,320		836,509	
FEMMES	Enfants et non mariées	9,250,165		9,351,794	
	Femmes mariées . . .	6,460,736	17,319,320	6,948,830	17,988,211
	Veuves.	1,608,419		1,687,587	
	Totaux.		34,217,719	Total en 1851	35,783,170
				Total en 1841	34,217,719
	Augmentation.				1,565,451

La population de la France s'est donc augmentée en 10 ans, de 1,565 451 habitants, soit, de 45,75 sur 1,000.

La principale cause de cette augmentation se trouve dans la diminution de la mortalité. Il ne saurait exister une meilleure preuve de l'amélioration du bien-être général.

Cependant la révolution de 1848 a arrêté ce mouvement progressif.

Ainsi, la population qui s'était accrue de 1,170,308 habitants de 1841 à 1846, ne s'est augmentée que de 382,684 de 1846 à 1851.

Mais ce qui n'est pas moins digne de remarque, c'est que, de 1841 à 1846, la diminution de la population de certains départements n'avait été que de 27,934 sur une augmentation générale de 1,198,242 ; tandis que, de 1846 à 1851, cette diminution a été de 134,428 venant en déduction à l'augmentation générale qui ne s'élevait qu'à 517,112.

C'est que, pendant cette dernière période, la fièvre révolutionnaire, qui a si profondément agité toute la France, poussait les ouvriers et les agriculteurs vers les grands centres. Ils quittaient les départements agricoles qui fournissent toujours du pain à ceux qui veulent travailler, pour aller, la plupart, végéter et même périr de misère dans les villes populeuses.

Ce déplacement des populations est bien indiqué par la diminution qui se remarque dans la population des départements agricoles et par l'augmentation de celle des départements industriels.

Ainsi le Tarn-et-Garonne, dont la population s'était accrue de 3,393 habitants de 1841 à 1846, en a perdu 4,945 de 1846 à 1851.

Dans la Sarthe, la population qui s'était augmentée de 5,115 habitants pendant la première de ces deux périodes quinquennales a diminué de 2,437 pendant la seconde.

Dans les Basses-Alpes, de 1841 à 1846, augmentation de 897 habitants ; de 1846 à 1851, diminution de 4,605.

Tandis que dans les départements qui renferment de grands centres, aucune diminution n'a eu lieu.

Seulement l'augmentation a été moindre que pendant la période quinquennale précédente. Ainsi, dans le département du Rhône, l'accroissement de la population avait été, de 1841 à 1846, de 44,804 ; elle n'a plus été que de 29,110 de 1846 à 1851.

Pour les Bouches-du-Rhône, même observation :

De 1841 à 1846, augmentation de. 38,915
De 1846 à 1851.   —   15,299

Même observation pour la Gironde :

De 1841 à 1846, accroissement de. . . . . . . 34,410 hab.
De 1846 à 1851 .   —   13,256

Dans le département de la Seine il en est de même :

De 1841 à 1846, augmentation de . . . . 169,864 hab.
De 1846 à 1851 ,   —   58,233

On pourrait nous opposer que la diminution dans l'augmentation équivaut à une perte de population, et que par conséquent, il n'est pas démontré que le déficit des départements agricoles ait été un gain numérique pour les grands centres.

Mais nous répondrions à cela que, tout en étant moins considérable que pendant la période précédente, le chiffre de l'augmentation dans ces derniers départements, de 1846 à 1851, est encore supérieure à celui de la diminution supportée par les autres départements pendant la même période.

D'ailleurs, les départements dont il s'agit ont également beaucoup souffert de la crise politique de 1848.

Nous en trouvons la preuve dans l'augmentation des décès qui a été très-sensible dans les grands centres et aussi dans la diminution des naissances, qui s'est fait remarquer dans la plupart d'entre eux.

Nous prendrons pour exemple les départements qui renferment les villes les plus industrielles ou les plus commerçantes ; et pour base, l'année moyenne des périodes quinquennales de 1841 à 1846 et de 1846 à 1851.

Voyons d'abord le département du Rhône

NAISSANCES.	De 1841 à 1846.	16,264
	De 1846 à 1851.	15,608
DÉCÈS.	De 1841 à 1846.	12,279
	De 1846 à 1851	13,033

LA GIRONDE.

NAISSANCES.	De 1841 à 1846.	11,746
	De 1846 à 1851.	11,381
DÉCÈS.	De 1841 à 1846.	13,622
	De 1846 à 1851.	12,690

BOUCHES-DU-RHONE.

Dans ce département, les naissances n'ont pas diminué, elles ont même augmenté, mais dans une proportion moins forte que les décès.

NAISSANCES.	De 1841 à 1846.	12,526
	De 1846 à 1851.	13,513
DÉCÈS.	De 1841 à 1846.	11,666
	De 1846 à 1851.	12,850

LA SEINE.

NAISSANCES.	De 1841 à 1846.	40,261
	De 1846 à 1851.	42,339
DÉCÈS.	De 1841 à 1846.	34,757
	De 1846 à 1851. . .	42,444

Nous devons toutefois faire observer que les événements politiques de 1848 et la crise sociale qui en est résultée ne sont pas les seules causes de la différence notable existant entre le nombre des décès pendant ces deux périodes, il faut reconnaître que le choléra de 1849 y a puissamment contribué.

Un fait digne de remarque que nous avons constaté à cette occasion, non seulement pour les départements que nous venons de citer, mais aussi pour tous ceux où le choléra a sévi, c'est que, pendant l'année qui a suivi celle de l'épidémie, le nombre des décès a été beaucoup moindre que pendant les années antérieures au choléra.

Nous allons donner pour quelques-uns d'entre eux le chiffre des décès pendant les deux années qui ont précédé l'épidémie, celui des décès pendant l'année l'épidémie (1849), et enfin nous ferons connaître quel en a été le nombre pendant l'année 1851.

LA SEINE.

Année 1847. . . . . 39,519 décès.
—   1848. 39,019
—   1849. 62,400
—   1850. 34,266

BOUCHES-DU-RHONE.

Année 1847. . . . . 13,323 décès.
—   1848. 13,453
—   1849. 14,653
—   1850. 10,933

LA GIRONDE.

Année 1847.	. . . .	13,739 décès.
— 1848.	. . . .	13,694
— 1849.	. . . .	16,319
— 1850.	. . . .	11,669

Cette comparaison, nous l'avons faite pour la plupart des autres départements où le fléau a sévi, et, partout nous avons constaté une diminution notable des décès pendant l'année qui a suivi immédiatement celle de l'épidémie.

DÉPARTEMENT DU VAR.

Le tableau ci-après fait connaître le mouvement de la population de ce département, pendant la période décennale de 1841 à 1851.

		1841.		1851.	
HOMMES	Enfants et non mariés	94,323		106,375	
	Hommes mariés . . .	66,763	168,950	75,878	191,502
	Veufs.	7,864		9,249	
FEMMES	Enfants et non mariées	75,376		75,549	
	Femmes mariées . . .	66,979	159,060	72,904	166,465
	Veuves	16,705		18,012	

Totaux.		328,010	Année 1851	357,967
			Année 1841	328,010
Différence en plus	. . . . .			29,957

La population du Var s'est donc augmentée de 29,957 soit de 91,33 sur 1,000.

Il en résulte que, dans cette période de 10 ans , le département du Var a pris un accroissement double de l'accroissement moyen de la France , lequel n'a été que de 45,75 sur 1,000.

On peut assigner plusieurs causes à cette augmentation exceptionnelle de notre population ; nous allons du moins énumérer les circonstances qui nous ont paru y avoir contribué.

La conquête de l'Algérie est , sans doute, une des causes primitives de cet accroissement. En effet , pendant plus de 10 ans , le transport des troupes , des passagers , et , en grande partie , celui des approvisionnements se sont effectués par la voie de Toulon. Il est facile de comprendre le développement commercial que cette centralisation a déterminé dans le port de Toulon et par suite dans le département.

Plus tard, un service régulier s'est établi, il est vrai, entre Marseille et l'Algérie ; mais alors l'élan était donné , et d'ailleurs , l'embarquement des troupes et des approvisionnements de guerre a continué d'avoir lieu par Toulon.

D'un autre côté, la culture a fait de grands progrès dans le Var ; des défrichements ont été effectués, depuis 20 ans , dans une proportion considérable.

Enfin l'industrie a pris un développement notable par

suite de la mise en œuvre pour la fabrication des bouchons. de l'écorce du chêne-liége.

Or, il est de principe que la population s'accroît en raison de l'augmentation des produits et de l'extension du commerce. Ces deux causes existant d'une manière évidente dans le Var, il n'est pas étonnant que sa population se soit fortement accrue.

L'émigration des Piémontais peut aussi avoir contribué à cet accroissement. Il peut également provenir de l'aisance générale qui règne dans le Var, et qui est cause sans doute, du chiffre considérable des naissances dont le nombre va en augmentant chaque année.

L'accroissement que nous signalons se remarque d'une manière plus particulière dans les villes maritimes.

C'est, d'ailleurs, une observation générale que nous avons faite en comparant le mouvement des principaux ports de mer de France avec celui des villes de l'intérieur, d'une égale importance.

La différence est partout considérable.

En ce qui concerne spécialement le département du Var, il résulte du tableau ci-après, que, de 1816 à 1851, la population des villes situées sur le littoral a augmenté dans une proportion de 104 pour cent, tandis que cette augmentation n'a été que de 44 pour cent dans les localités voisines. Nous avons, autant que possible, pris pour terme de comparaison les chefs-lieux des cantons où se trouvaient situées ces villes maritimes ; et, lorsqu'elles étaient elles-mêmes chefs-lieux, nous avons comparé leur population avec celle d'une autre localité du même canton ayant une importance à peu près égale, nous en exceptons Toulon, où, à défaut d'une grande ville qui pût lui être comparée, nous avons choisi le Beausset, chef-lieu de canton peu éloigné de ce grand centre.

VILLES MARITIMES du département du Var.	POPULATION.		CHEFS-LIEUX des cantons dont ces villes maritimes font partie (1)	POPULATION.	
	recensem. 1816.	recensem 1851.		1816.	1851.
Saint-Raphaël .	647	1,044	Fréjus.	1,943	2,665
Sainte-Maxime.	994	1,030	Grimaud	1,084	1,385
Saint-Tropez . .	3,319	3,595	Gassin.	442	792
Antibes	5,434	6,463	Vallauris	1,527	2,577
Cannes	2,804	5,557	Mougins	1,538	2,831
Toulon	28,470	69,474	Le Beausset . .	3,269	2,833
Bandol	1,240	1,968	Ollioules	2,878	3,258
Saint-Nazaire .	2,320	2,604	Idem . . .	2,878	3,258
La Seyne	5,560	7,404	Idem . . .	2,878	3,258
	47,560	98,833		18,434	23,357
		47,560			18,434
Différ. en plus, (107 p. 0/0)·		51,273	Différ. en plus, (27 p. 0/0)·		4,923

Une différence aussi notable existe entre l'accroissement de la population des grands ports de France et l'accroissement de la population des autres villes de même importance situées dans l'intérieur.

(1) Pour les villes maritimes qui sont elles-mêmes chefs-lieux de canton, nous leur avons opposé comme terme de comparaison des localités situées à peu de distance.

Cela résulte du tableau ci-après, dans lequel le mouvement de la population des 5 chefs-lieux d'arrondissement maritime, a été mis en parallèle avec celui de 5 autres villes, ayant une population relativement égale.

CHEFS-LIEUX d'arrondissement maritime.	POPULATION.		VILLES de l'intérieur ayant une population égale.	POPULATION.	
	1831.	1851.		1831.	1851.
Cherbourg . . .	18,443	28,012	Douai	18,793	20,528
Brest	29,860	61,460	Besançon	29,167	41,295
Lorient	18,322	25,094	Valenciennes. .	18,953	23,263
Rochefort. . . .	14,040	24,330	Chartres.	14,439	18,234
Toulon.	28,419	69,474	Avignon.	29,889	35,890
	109,084	208,070		111,241	139,210
		109,084			111,241
Différ. en plus, (91 p. 0/0.)		98,986	Différ. en plus, (25 p 0/0.)		27,969

Nous n'avons pas besoin d'insister sur cet accroissement plus rapide qui se remarque dans les villes maritimes ; l'extension considérable que notre commerce extérieur a prise depuis quelques années, l'explique suffisamment.

POPULATION PAR SEXE.

Le tableau récapitulatif de la population , que nous avons donné au commencement de ce chapitre, fait connaître qu'en France le nombre des individus du sexe féminin était , en 1851 , de beaucoup supérieur à celui du sexe masculin.

La population se divisait comme il suit :

Femmes	17,988,211
Hommes	17,794,959
Différence en faveur des femmes	193,252

Cette prédominance du sexe féminin est attribuée par les personnes qui s'occupent d'économie politique à un plus grand nombre de décès masculins que de décès féminins. Quant à la différence de la mortalité, elle serait due autant à une moindre vitalité congéniale des individus mâles, qu'à la nature de leurs occupations qui les exposent à un plus grand nombre de chances de décès que les femmes. (1)

Il est, en effet, évident que les hommes sont exposés à beaucoup plus de dangers que les femmes, et qu'il doit en résulter pour les premiers, une plus grande mortalité. Mais tout en admettant ce fait, qui est incontestable, nous avons été amenés à penser, par une étude attentive du mouvement de la population pendant 50 ans (1801 à 1851), que la prédominance du sexe féminin pourrait bien n'être qu'accidentelle, et ne provenir en aucune façon de la moindre vitalité congéniale des individus mâles.

Les recherches auxquelles nous nous sommes livrés à ce

(1) Cette question de la mortalité fait l'objet d'un article très-remarquable publié par M. Legoyt, en 1853, dans le dictionnaire de l'économie politique. (Population, page 445.)

sujet, nous ont donné la conviction que la supériorité numérique du sexe féminin observée dans tous les recensements qui ont eu lieu depuis l'an IX, devait être attribuée à la mortalité des hommes pendant les guerres du Consulat et de l'Empire et aussi aux exécutions très-nombreuses de la terreur, qui ont atteint plus particulièrement la partie masculine de la population.

Ce qui le prouve, c'est que la prédominance du sexe féminin était très-considérable en 1801 ; que cette prédominance, qui s'est soutenue jusques en 1815, a diminué immédiatement après et n'a pas cessé de décroître jusqu'à ce jour.

Ce qui le prouve encore, c'est que le chiffre des décès masculins tout en paraissant supérieur à celui des décès féminins, lui a toujours été, depuis 1815, de beaucoup inférieur relativement aux naissances de l'un et de l'autre sexe; ainsi, tandis que l'excédant des décès masculins sur les décès féminins a été de 169,947, celui des naissances masculines sur les naissances féminines s'est élevé à 982,940 : soit un excédant de survivants de 772,993 en faveur du sexe masculin.

On s'en convaincra facilement, si l'on veut suivre avec nous le mouvement de la population de 1801 à 1851.

D'après les recensements officiels publiés par les soins du Ministère de l'Agriculture et du Commerce (volume de 1837).

la population de la France était en 1801 , de 27,349,003 (1),
divisée comme il suit :

Femmes.	14,037,114
Hommes.	13,311,839
Différence en faveur des femmes	725,275

Cet excédant s'élevait en 1821 à 868,325.

La population totale était alors de 30,461,875 habitants.

Femmes.	15,665,100
Hommes.	14,796,775
Différence.	868,325

Mais depuis 1821 ou plutôt depuis 1815 (2), car c'est à
cette dernière époque que le chiffre des décès masculins a
cessé d'être anormal, on remarque dans tous les recensements une diminution notable sur cet excédant.

Ainsi, en 1831, sur une population totale de 32,569,223,
on comptait :

Femmes	16,619,128
Hommes	15,950,095
Différence	669,033

L'excédant des femmes était donc réduit de 868,325 à
669,033.

---

(1) Tous les renseignements statistiques qui ont servi de base à ce travail sont
officiels. Ils sont extraits des publications faites par le Ministère de l'Agriculture
et du Commerce depuis 1835.

(2) Les documents officiels ne contiennent aucun recensement complet pour
cette période quinquennale de 1816 à 1821.

En 1841, ce chiffre descend à 420,924.

Population totale 34.217,719.

Femmes . . , ...	17,319,320
Hommes	16,898,399
Différence	420,924

Enfin, en 1851, l'excédant des femmes n'était plus, comme nous l'avons déjà vu , que de 193,252.

Population de 1851 : 35,783,170.

Femmes	17,988,211
Hommes	17,794,959
Différence	193,252

Voici maintenant comment s'est opérée cette diminution.

Il est né de 1801 à 1851 :

	24,588,914 garçons.
	23,102,783 filles.
Différence en faveur des garçons. .	1,486,131

Il est mort pendant cette période de 50 ans :

	20,331,974 garçons.
	19,740,858 filles.
Différence	591,116

Si on déduit l'excédant des naissances masculines

(1,486,131) de l'excédant des décès du même sexe (591,116) on trouve qu'il a survécu, savoir :

Un excédant de garçons de. 895,015
Un excédant de filles de. 725,275

D'après ce calcul, la prédominance masculine devrait être de. 169,740
Tandis qu'au contraire le recensement de 1851 signale
une prédominance féminine de 193,252

Différence à l'avantage du sexe féminin. 362,992

Cette différence, entre le chiffre indiqué dans le recensement et celui qui résulte du résumé ci-dessus, ne saurait nous être opposée ; elle n'infirme en rien notre raisonnement et s'explique aisément, soit par les émigrations qui ont diminué le nombre des hommes, soit par une erreur de recensement.

L'émigration n'est pas grande en France, il est vrai, mais il s'agit ici d'un chiffre relativement peu important. Quant à l'erreur de recensement, nous ferons remarquer qu'elle ne peut provenir de notre fait, attendu que nous n'avons opéré que sur les naissances et les décès ; et ces renseignements, on le sait, offrent plus de garantie d'exactitude que les autres, étant relevés sur les registres de l'état civil.

RAPPORT DES NAISSANCES AUX DÉCÈS.

Rapports des deux sexes dans les Naissances et les Décès.

Nous croyons qu'il ne sera pas sans intérêt pour le lecteur

de connaître quel a été le mouvement de la population en ce qui concerne les naissances et les décès de 1801 à 1851.

NAISSANCES DE 1801 A 1851.

	Garçons.	Filles.	Excédant des naissances masculines.
de 1801 à 1815.			
de 1801 à 1810	4,735,124	4,445,531	289.593
de 1811 à 1815	2,403,625	2,250,027	153,598
de 1816 à 1851.			
de 1816 à 1820	2,463,896	2,311,638	152,258
de 1821 à 1825	2,506,203	2,352,780	153,423
de 1826 à 1830	2,511,982	2,370,838	141,114
de 1831 à 1835	2,514,614	2,360,164	154,450
de 1836 à 1840	2.468,545	2,328,610	139.935
de 1841 à 1845	2,509,675	2,370,475	139,200
de 1846 à 1851	2,435,250	2,312,720	122,530
	24,548,914	19,740,858	1,446,131

Total général les naissances. 47,651,697.

DÉCÈS DE 1801 A 1851.

	Garçons.	Filles.	Excédant des décès masculins.
de 1801 à 1815.			
de 1800 à 1810	4,106,342	3,878,302	228,040
de 1810 à 1815	2,069,885	1,876,756	193,129
de 1816 à 1851.			
dè 1816 à 1820	1,912,262	1,873,113	39,149
de 1821 à 1825	1,928,412	1,898,006	30,406
de 1826 à 1830	2,055,531	2,022,384	33,147
de 1831 à 1835	2,156,507	2,124,642	31,865
de 1836 à 1840	2,004,035	1,995,050	8,985
de 1841 à 1845	1,974,075	1,955,790	18,285
de 1846 à 1851	1,124,925	2,116,815	8,110
	20,331,974	19.740,858	591,116

Total général des décès. 40,072,832.

L'examen et la comparaison des deux tableaux qui précèdent, donnent lieu aux observations ci-après :

Le rapport des deux sexes dans les naissances a été de 1801 à 1815 de 1,866 naissances *masculines* pour 1,000 naissances *féminines*.

Et de 1061 naissances *masculines* pour 1,000 naissances *féminines*, de 1816 à 1850.

La différence n'est pas grande entre ces deux périodes, en ce qui concerne les naissances, mais il n'en est pas de même quant aux décès.

En effet, le rapport des deux sexes dans la mortalité a été, de 1801 à 1815, de 1073 décès *masculins* pour 1,000 décès *féminins*.

Et de 1,012 pour 1,000 de 1816 à 1850.

Maintenant, si nous comparons les naissances aux décès, nous aurons : en ce qui concerne le sexe masculin, 86 *décès* sur 100 *naissances*, de 1801 à 1815, et 81 *décès* sur 100 *naissances* de 1816 à 1851.

Pour le sexe féminin, la proportion n'a pas varié, de 1804 à 1851, elle a toujours été de 85 *décès* sur 100 *naissances*.

Ces chiffres nous paraissent démontrer d'une manière tout-à-fait évidente que la mortalité, loin d'être plus grande pour les hommes, est relativement beaucoup plus faible que chez les femmes, en temps ordinaire. Nous venons de voir, en effet que, pendant les 15 premières années de ce siècle on a compté 86 décès masculins sur 100 naissances et 81 seulement en temps de paix, c'est-à-dire, pendant 35 ans. Tandis que pour les femmes, ce chiffre a toujours été de 85 sur cent.

Qu'il nous soit permis de dire encore un mot sur la prédominance du sexe masculin

Il a été constaté par les chiffres qui précèdent, que les décès des hommes sont moins fréquents, relativement aux naissances, que les décès féminins ; et que, d'un autre côté, les
naissances de ce sexe sont plus nombreuses que celles du sexe
féminin ; ne doit on pas en conclure rigoureusement qu'en
temps ordinaire l'élément masculin devra dominer dans la
population de la France ?

Nous ferons remarquer, d'ailleurs, que déjà dans beaucoup de départements, la supériorité numérique est acquise
au sexe masculin. Nous en avons compté 42 ; mais la plupart
d'entr'eux, nous le reconnaissons, se trouvent dans une situation exceptionnelle. Ainsi, pour le Var et le Finistère, où
cette prédominance masculine existe d'une manière notable,
elle s'explique par l'importance des garnisons de Toulon et
de Brest, par la population ouvrière de leurs arsenaux et par
celle de leurs bagnes.

En ce qui concerne spécialement la population du Var,
qui est dans son ensemble de 357,367 habitants, on compte

191,502 hommes.
166,465 femmes.

Soit une différence de. . . .   25,037 en faveur des hommes.

Cet excédant provient comme nous venons de le dire, de
la présence à Toulon d'une forte garnison.

La population flottante (1) de cette ville est, en effet, de 24,944. Le surplus de l'excédant est sans doute formé par l'émigration des ouvriers piémontais.

Le rapport des deux sexes, dans les naissances, pour le département du Var, de 1836 à 1851 a été, année moyenne, de 1,054 naissances *masculines* pour 1,000 naissances *féminines*.

DÉPARTEMENT DU VAR.

**Rapports des Naissances aux Décès.— Rapports des sexes
dans les Naissances et dans les Décès.**

Le rapport de la mortalité a été pendant cette période de 15 ans, année moyenne, de 1,244 décès *masculins* pour 1.000 décès *féminins*.

En comparant les naissances aux décès nous trouvons :

Sexe masculin :

112 décès pour 100 naissances.

Sexe féminin :

94 décès pour 100 naissances.

Il est singulier que précisément dans le Var où l'élément masculin domine, les décès de ce sexe soient plus nombreux que les naissances, et cela dans une proportion plus grande qu'elle n'existe entre les naissances masculines et les naissances féminines ; tandis que dans le reste de la France où la

(1) Les fonctionnaires, les militaires, les marins, etc., etc., sont comptés à part dans les recensements en vertu de l'art. 2 du décret du 1er février 1851.

predominance du sexe féminin est notable, c'est le contraire qui existe.

Il faut en conclure, du moins nous sommes de cet avis, qu'en statistique on ne peut opérer, avec quelque chance d'obtenir des appréciations exactes, que sur les documents fournis par l'état civil.

Nous pensons que la supériorité exceptionnelle du nombre des décès masculins, qui se remarque dans le Var, est due à la situation maritime de ce département. Il est évident, en effet, que les marins, qui entrent pour beaucoup dans la composition de la population, sont plus exposés aux diverses chances de mortalité que les cultivateurs, les industriels et les commerçants et même que les militaires de l'armée de terre, en temps de paix.

D'ailleurs, l'importance de la population flottante de Toulon qui nous paraît, être la cause principale de la prédominance masculine que l'on remarque dans notre département, doit nécessairement augmenter le chiffre des décès du sexe masculin, sans compensation aucune pour ceux du sexe féminin.

RAPPORT MOYEN DE LA MORTALITÉ A LA POPULATION, EN EUROPE ET EN FRANCE.

Le rapport moyen de la mortalité à la population en Europe est de 1 sur 37,93.

En France, ce rapport est de 1 sur 42,19 en prenant pour

base l'année moyenne de la période quinquennale de 1846 à
1851.

Il résulte d'un remarquable travail sur la population, publié
par M. Legoyt , dans le dictionnaire de *l'économie politique* ,
que c'est dans l'extrême nord , en exceptant la Russie , dont
l'excessive mortalité est dûe à des causes particulières , que
se trouve le moins grand nombre de décès. La France vient
dans cet ordre immédiatement après les pays du Nord.

M. Legoyt fait observer qu'il faut s'en réjouir avec d'autant plus de raison que l'émigration y est presque nulle , et
que , par conséquent , le petit nombre relatif de ses décès
indique très-fidèlement les progrès dont la condition maté-
rielle de ses habitants a été l'objet.

Quant au département du Var , spécialement, le rapport
moyen de la mortalité à la population est de 1 sur 38,28.

POPULATION PAR ÉTAT-CIVIL.

Sur dix mille habitants on compte en moyenne , en Europe :

3,062 enfants ou célibataires du sexe masculin.
2,918 enfants ou célibataires du sexe féminin.
1,726 hommes mariés.
1,792 femmes mariées.
182 veufs.
435 veuves.

Il est facile de se rendre compte de l'existence d'un plus
grand nombre de célibataires mâles dans toute population ,

par ce fait que l'âge du mariage est beaucoup moins élevé pour la femme que pour l'homme. Quant au rapport des mariés hommes aux mariés femmes, il est à peu près le même partout, la très-faible différence que constatent les dénombrements s'expliquent par l'absence de l'un des conjoints au moment des opérations. Il est remarquable que, dans tous les pays où l'état-civil des habitants a été recueilli, on a toujours constaté, dans une proportion très-notable, un plus grand nombre de veuves que de veufs. Il faut en conclure que fidèles à la mémoire d'un premier époux, les femmes sont généralement moins disposées que les hommes à contracter un nouveau mariage (1).

En France, il y avait, en moyenne en 1851, sur 10,000 habitants :

2,849 enfants ou célibataires du sexe masculin.
2,671 enfants ou célibataires du sexe féminin.
1,996 hommes mariés
1,985 femmes mariées.
239 veufs.
482 veuves.

Dans le département du Var, la moyenne, sur 10,000 habitants, était en 1851 de :

3,039 enfants ou célibataires du sexe masculin.
2,144 enfants ou célibataires du sexe féminin.
2,167 hommes mariés.
264 veufs.
508 veuves.

(1) Ces renseignements sont extraits du *Dictionnaire de l'économie politique*. Article population de M. Legoyt, page 504.

Les observations générales qui précèdent peuvent être appliquées spécialement à la France et au département du Var.

Mais si nous établissons une comparaison entre l'Europe, la France et le département du Var, nous trouverons qu'il y a, relativement à la population, beaucoup plus d'hommes mariés dans le Var que dans la moyenne des autres départements, et beaucoup plus en France que dans la moyenne des autres États.

Ce qui nous paraît devoir placer le Var en première ligne pour la situation économique.

Il y a lieu de remarquer, en outre, que dans la France et dans le Var, le nombre des veuves est relativement à celui des veufs moins considérable qu'en Europe, bien que ce nombre soit du double ; il faut en conclure, sans doute, que la mortalité est plus grande en Europe qu'en France.

Il n'échappera pas non plus au lecteur que s'il y a en Europe plus d'enfants ou célibataires du sexe masculin qu'en France, il y en a aussi d'avantage dans le Var que dans la moyenne des autres départements, et que le nombre des hommes y est beaucoup plus grand que celui des femmes.

POPULATION PAR CULTE.

FRANCE.

En ce qui concerne cette partie de la statistique, les documents officiels que nous analysons sont très-incomplets ; ils ne font connaître la division des cultes que pour les principales villes de France et pour l'ensemble de la population. (1)

Sur une population totale de 35,783,170 habitants que renferme l'Empire, on compte :

Catholiques romains. 34,391,032

Calvinistes (Eglises réformées de France). . . . 480,507

Luthériens (Confession d'Augsbourg) 267,825

Israélites 73,975

Autres cultes ou communions 26,348

Individus dont on n'a pu constater le culte. . . 3.483

TOTAL ÉGAL. 35.783,170

DÉPARTEMENT DU VAR.

Le tableau ci-après fait connaître la division des cultes dans les principales villes du département de Var.

DESIGNATION des villes.	CATHOLIQUES.	CALVINISTES.	LUTHÉRIENS.	ISRAELITES.	AUTRES CULTES.	INDIVIDUS dont on n'a pu constater le culte.
Brignoles.	5,792	2	»	»	7	»
Draguignan	8,954	8	3	3	7	»
Grasse. . .	11,794	6	»	2	»	»
Toulon. . .	68,737	329	172	59	176	1
Hyères. . .	9,967	5	10	4	13	»
	105,244	350	185	68	203	1

Nous croyons devoir placer ici l'extrait, en ce qui concerne la statistique des cultes. de l'excellent ouvrage

(1) Des considérations d'une nature particulière ont fait décider par l'administration que le tableau de la répartition des cultes, *par département*, ne serait pas imprimé.

publié par M. Degoyt, et dans lequel nous avons puisé un grand nombre de renseignements très-intéressants.

« Les documents officiels relatifs à la statistique des cultes ne doivent être consultés qu'avec une certaine réserve, le désir des gouvernements de recueillir des faits précis à ce. sujet ayant toujours échoué contre les vives répugnances des habitants à faire connaître le culte qu'ils professent. On ne peut donc qu'indiquer par grandes masses le mode de répartition des diverses religions en Europe.

» On n'y trouve. à quelques exceptions près (dans la Laponie et le haut du Nord), aucune trace d'idolâtrie, ni des religions du sud de l'Asie. Quelques personnes considèrent cependant comme appartenant à ces religions, bien qu'elle se dise chrétienne dans les diverses parties de l'Europe qu'elle habite, cette race d'hommes d'origine mystérieuse, à langue inconnue, campés plutôt qu'établis en Europe, nommés *Bohémiens* en France, *Gypsies* en Angleterre, *Gitanos* en Espagne; *Jigeunern* en Allemagne. On en évalue le nombre en Europe à 500 ou 600 mille, dont 300 à 400 mille dans la Turquie Européenne, 80 mille dans les Etats autrichiens, 40 à 50 mille en Espagne, 18 à 20 mille en Angleterre, 8 à 10 mille en France, et un millier environ dans les Etats allemands.

» Les principales religions de l'Europe sont au nombre de trois : le christianisme, le mahométisme et le judaïsme. Le mahométisme est circonscrit dans la Turquie d'Europe et dans la Russie du Sud. Le judaïsme, au contraire, est

répandu dans tous les Etats européens; on compte environ
1 million 200 mille juifs en Russie ou 1 sur 57 habitants;
729,000 en Autriche ou 1 sur 57 habitants; 219,000 en
Prusse ou 1 sur 75 habitants; 196,694 dans les 36 autres
Etats de la Conférence Germanique ou 1 sur 65 habitants;
70 mille en France ou 1 sur 500 habitants; 58 mille en
Hollande ou 1 sur 52 habitants; 15 mille en Angleterre ou 1
sur 1,860 habitants. La plupart des juifs vivent du commerce;
l'industrie agricole et manufacturière n'en occupe qu'un très
petit nombre. Sur 1,000 juifs en Prusse, neuf seulement
vivent des travaux des champs. Aussi habitent-ils en majo-
rité les villes. Dans le même Etat, sur 219,998 juifs, 175
mille, en nombre rond, sont domiciliés dans les villes et
44 mille dans les communes rurales; de ces derniers, 42
mille se livrent à de petits commerces de détail et 2 mille
seulement sont des agriculteurs. Le christianisme comprend
trois grandes divisions en Europe: les catholiques Romains,
·les catholiques Grecs et les protestants. L'Eglise grecque ne
compte d'adhérents que dans la Russie, dans les Principau-
tés Danubiennes, dans la Gallicie et dans les provinces occi-
dentales de l'Autriche, dans la Turquie, la Grèce et les Iles
Ioniennes. La plus grande partie de l'Europe se partage donc
entre les catholiques romains et les protestants, sans dis-
tinction de secte. Il serait intéressant de connaître avec
exactitude leur rapport numérique à diverses époques, et de
pouvoir ainsi apprécier les tendances du mouvement religieux. Nos documents ne nous fournissent pas les éléments

de cette appréciation ; mais ils nous permettent d'évaluer le nombre actuel des adhérents des deux communions qui s'élève à 121,750,500 pour les catholiques romains et à 58 millions 101 mille pour les protestants de toutes les dénominations. L'Europe du midi est , comme on sait , à peu près toute catholique ; l'Europe du Nord , à peu près , toute protestante , les deux cultes se partagent le centre qui est le foyer de la civilisation , dans des proportions presque égales , mais toujours avec une prédominance marquée de protestantisme au Nord et du catholicisme au Sud , nous ne connaissons que pour un seul pays , l'Autriche (moins le royaume Lombard - Vénitien , la Hongrie et la Transylvanie) , le mouvement des conversions d'une communion à une autre , ce fait qui ne paraît pas être recueilli officiellement dans les autres pays , présente assez d'intérêt pour être cité. En 1837, 1840, 1843 et 1846 , on voit 54, 57, 100 et 170 catholiques embrasser une autre religion et 484, 548, 644 et 692 non catholiques le devenir. Ces chiffres , tout favorables au catholicisme , se modifient en sens inverse en 1850. Dans cette année , 688 catholiques abjurent et 254 non catholiques entrent dans le giron de l'Eglise romaine. Le mouvement des conversions dans un sens ou dans l'autre , mais avec un avantage manifeste pour le catholicisme est particulièrement actif en Angleterre. »

Nous aurons encore l'occasion de faire quelques emprunts au travail remarquable dont cet article est extrait. Nous sommes persuadés que l'on nous en saura gré. M. Legoyt est un statisticien très-distingué, qui a su réunir en peu de pages des renseignements d'un extrême intérêt sur toutes les questions de statistique qui se rattachent à la population, et il a traité ces questions à un point de vue d'économie politique très-élevé. Notre expérience ne nous permet pas de juger son travail, quant au fond, mais nous avons pu constater qu'il a dû se livrer aux études et aux recherches les plus laborieuses pour obtenir les renseignements aussi multipliés que précis qu'il donne sur tous les objets dont il s'est occupé.

POPULATION SUIVANT L'ORIGINE.

EN FRANCE.

Français d'origine	35,388,814
Naturalisés	13,525
	35,402,339
Étrangers subdivisés de la manière ci-après. . . .	379,289
	35,781,628

Anglais.	20,357
Allemands	57,061
Belges	128,100
Italiens.	63,307
Suisses.	25,485
Espagnols	29,739
Polonais	9,338
Autres étrangers.	46,176
Individus dont on n'a pu constater la nationalité	726
	379,289

DANS LE DÉPARTEMENT DU VAR.

Français d'origine	344,721
Naturalisés	344
	345,068
Étrangers subdivisés ainsi qu'il suit	12,899
	357,967

Anglais	78
Allemands	249
Belges	93
Italiens	10,975
Suisses	266
Espagnols	246
Polonais	58
Autres étrangers	928
Individus dont on n'a pu constater l'origine	6
	12,899

Il résulte des recherches faites par M. Legoyt qu'en 1851 on comptait en Autriche 12 étrangers sur 10 mille habitants. En 1849, 342 sur 10,000, en Hollande. En 1850, 298 en Suisse. En 1846, 218 en Belgique et 117 dans les Etats-Sardes, en 1848.

En France d'après le recensement de 1851 cette proportion serait de 108 étrangers sur 10,000 habitants. Ainsi nous pensons avec M. Legoyt que ce chiffre est au-dessous de la vérité. Nous avons déjà fait observer du reste que le nombre des étrangers devait être de beaucoup supérieur.

Dans le Var, d'après le même recensement, la population serait de 368 étrangers sur 10,000 habitants.

POPULATION DES VILLES ET DES CAMPAGNES.

Il serait fort intéressant de connaître d'une manière exacte la proportion qui existe dans chaque État, entre ces deux catégories de population ; mais jusqu'à ce jour, malgré les études qui ont été poursuivies avec zèle par un certain nombre de savants, cette statistique n'a pu être établie.

Cependant M. Legoyt a recueilli sur cet objet quelques renseignements assez complets, que nous donnons ci-après :

On compte, en Europe, sur 10,000 habitants, 2,019 individus appartenant à la population des villes et 7,981 à celle des campagnes.

C'est en Suède, en Suisse, en Norwége et dans le Wurtemberg que le chiffre de la population urbaine est le moins élevé, puisqu'il ne dépasse pas, en moyenne, 946 sur 10,000.

C'est en Hollande, en Saxe, en Prusse, dans les Etats-Sardes et en Belgique (les documents anglais ne fournissent pas les renseignements analogues), que paraît se trouver la population urbaine la plus considérable ; elle est dans ces Etats de 3,584 ; 3,500 ; 2,807 ; 2,683 et 2,519 sur 10,000.

Pour la France, d'après le dénombrement de 1851, et en considérant comme appartenant à la population urbaine les habitants des villes de 5 mille âmes et au-dessus, au nombre total de 6,413,443, elle est de 1,832 sur 10 mille

Dans le département du Var en prenant également pour base les villes de plus de 5,000 âmes, la population urbaine est de 2,606 sur 10 mille âmes.

Les villes de plus de 5 mille âmes sont au nombre de 7 dans le Var, et renferment une population totale de 91,214 habitants, ce sont :

Brignoles.	5,809
Draguignan.	8,972
Grasse	11,802
Antibes.	6,163
Cannes	5,557
Toulon.	45,510
La Seyne.	7,401
TOTAL ÉGAL. . . .	91,214

Notre département qui est essentiellement agricole possé-derait, d'après ce calcul, une population urbaine plus consi-dérable que la moyenne des autres départements. (2,606 au lieu de 1,832).

C'est que dans le Var, où la culture est pour ainsi dire in-dustrielle, les cultivateurs sont tous plus ou moins à leur aise et habitent de préférence les villes, où ils ont toujours quel-que intérêt à surveiller, lorsqu'ils n'y sont pas eux-mêmes propriétaires. Il en résulte que la plupart de nos localités qui, par l'importance de leur population, doivent être classées parmi les villes, ne sont, en définitive, que des centres agri-coles plus considérables.

D'un autre côté, et c'est peut-être là le véritable motif de l'élévation de notre moyenne, la ville de Toulon qui n'occupe cependant qu'une partie très-minime du territoire, renferme à elle seule plus du cinquième de la population totale du département.

POPULATION AU POINT DE VUE DU NOMBRE DES MÉNAGES ET DES MAISONS.

En Europe et en France.

M. Legoyt fait remarquer que dans dix principaux États de l'Europe (Prusse, Belgique, France, Sardaigne, Piémont, Saxe, Hollande, Autriche, Suisse et Bavière), le nombre des ménages ou familles, pour 10,000 habitants, n'offre pas de différence sensible.

Ce nombre est, en moyenne, de 2.163, soit 4,42 personnes par famille. C'est en France que ce rapport est le plus élevé (2,577), et, en Prusse, qu'il l'est le moins (1,948) 5,13 par famille.

Ainsi la formation des familles semble obéir, dans toute l'Europe, à des influences qui en déterminent uniformément le nombre. Celui des maisons ne présente pas le même caractère; il varie entre 2,476, par 10 mille habitants, dans le Portugal, et 414 seulement en Belgique; il est, en moyenne, pour onze États, de 1,546, soit un peu moins de 6,50 personnes par maison (1)

La France est, après le Portugal, le pays qui compte le plus de maisons, elle en a aujourd'hui 2,019 pour 10 mille habitants; soit 4,70 personnes par maison.

Un fait digne d'attention, c'est que le nombre des maisons s'accroît dans la même proportion que la population.

(1) *Dictionnaire de l'économie politique*, page 406.

Ainsi, en 1821, le chiffre de la population était de 30,461,875, et celui des maisons de 6,341,373 : soit 2,113 pour 10 mille habitants ou 4,73 personnes par maison, au lieu de 2,109 et 4,70 ; différence insignifiante.

DÉPARTEMENT DU VAR.

On compte dans ce département 2,729 ménages sur 10 mille habitants ; soit 3,66 personnes par famille.

Dans le Var, la famille est donc composée d'un peu moins d'individus que dans la moyenne des départements de France, où il y a 3,88 personnes par famille.

Quant aux maisons, elles y sont relativement moins nombreuses et par conséquent plus habitées.

Ce qui est plus regrettable encore c'est que cette situation ne s'améliore pas ; ainsi, en 1821, le nombre des maisons était de 63,130 et le chiffre de la population de 305,096 ; soit 2,103 maisons pour 10 mille habitants ou 4,75 personnes par maison ; aujourd'hui la population est de 357,967 et le nombre des maisons de 63,384 ; soit 1,804 maisons pour 10 mille habitants, ou 5,54 personnes par maison.

POPULATION SPÉCIFIQUE OU DENSITÉ DE LA POPULATION.

FRANCE

La contenance superficielle du territoire de la France est de 33,150 lieues carrées, soit de 530,402 kil. carrés.

Sa population totale est de 35,783,170 habitants.

Le nombre moyen d'habitants par kilomètre carré est donc de 67,46.

La France est un des états d'Europe les plus peuplés relativement à l'étendue du territoire. Quatre états seuls, le sont davantage, ce sont : la Belgique, la Saxe, la Hollande, et le Wurtemberg.

Ceux qui viennent après la France, par ordre décroissant, sont l'Angleterre, la Suisse, la Bavière, le Portugal, la Hanovre, le Danemarck, la Norwége et la Suède.

DÉPARTEMENT DU VAR.

Contenance superficielle, 452 lieues carrées ou 7,226 kilomètres carrés.

Population 357,967 habitants. Nombre moyen : 49,55 habitants par kilomètre carré.

Le département du Var est donc en moyenne, relativement à l'étendue du territoire, moins peuplé que la plupart des autres départements.

Il faut en excepter, cependant, l'arrondissement de Toulon, dont le territoire est très-restreint et qui renferme, à lui seul, à peu près autant de population que deux autres arrondissements du département. (Grasse et Brignoles).

Voici d'ailleurs la division de la population par arrondissement.

Draguignan.

Superficie : 175 lieues carrées ou 2.800 kilom. carrés.
Population : 86,075 habitants.
Nombre moyen : 30,74 habitants par kilomètre carré.

Brignoles.

Superficie : 125 lieues carrées ou 2,000 kilom. carrés.
Population : 68,664 habitants.
Nombre moyen : 34,33 habitants par kilom. carré.

Grasse.

Superficie : 71 lieues carrées ou 1,136 kilomètres carrés.
Population : 67,753 habitants.
Nombre moyen : 59,90 habitants par kilom. carré.

Toulon.

Superficie : 80 lieues carrées ou 1,290 kilomètres carrés.
Population : 135,471 habitants.
Nombre moyen : 105,04 habitants par kilom carré.

La différence qui existe entre la densité de population de
ces 4 arrondissements s'explique aisément : ceux de Draguignan et de Brignoles qui ont le moins de population, eu é-
gard à la contenance superficielle du territoire , sont presque
exclusivement agricoles ; or les travaux des champs retien-
nent peu les habitants ; beaucoup d'entr'eux préférent aller
chercher fortune dans les grands centres.

L'arrondissement de Grasse est également agricole, mais
il est en même temps industriel et commerçant, ce qui rend
sa situation économique très-avantageuse.

Quant à l'arrondissement de Toulon ; il suffit de nommer
son chef-lieu, qui prend tous les jours un extension commerciale plus grande, pour comprendre la densité considérable
de sa population.

POPULATION D'APRÈS L'AGE.

Voici les principaux détails que M. Legoyt donne sur cette
population.

La proportion est calculée sur une population de 10,000 âmes pour chaque âge :

Le nombre d'individus de moins de 15 ans varie entre 360,45 en Angleterre et 273,07 en France.

C'est encore en Angleterre que l'on trouve le plus d'individus âgés de 15 à 20 ans (99,62), et en France que l'on en rencontre le moins (88,08).

Il en est de même pour les adultes de 20 à 30 ans, l'Angleterre en a 172,80 et la France 163,46.

La France occupe la première place et l'Angleterre la dernière dans la série des états qui ont le plus d'habitants de l'âge de 30 à 40 ans; soit 147,53 en France et 121,82 en Angleterre.

La France conserve le premier rang et l'Angleterre le dernier, pour les individus de 40 à 50 ans ; le premier de ces états en compte 124,65 et l'Angleterre seulement 96,29.

Le même ordre se maintient pour les individus de 50 à 60 ans ; la France en compte 101,70 et l'Angleterre 64,26.

C'est encore en France que l'on trouve le plus grand nombre de vieillards de 60 ans et au-dessus (101,49), et en Angleterre qu'il y en a le moins (71,23)

M. Legoyt fait remarquer que l'on ne doit accepter ces chiffres, surtout en ce qui concerne la France , qu'avec une extrême réserve le recensement de 1851, dont ils sont extraits, n'ayant pu être établi avec toute l'exactitude désirable.

Tout incomplets qu'ils peuvent être , ces renseignemens nous ont paru avoir trop d'intérêt pour n'être pas consignés ici. En statistique, en effet , les détails sont faux quelquefois et même cela arrive souvent , car il est bien difficile qu'il en soit autrement; mais, pris en masse, ces détails donnent presque toujours des appréciations exactes, ou du moins très-approximatives.

DÉPARTEMENT DU VAR.

On comptait, en 1851, dans le Var :

1 42,759 garçons et 40,328 filles, âgés de moins de 15 ans ; total 83,087
Soit 276,95 individus, âgés de moins de 15 ans, sur mille habitants
La moyenne générale pour tous les départements n'est que de
273,07 sur mille.

2 15,011 garçons et 12,676 filles, âgés de 15 à 20 ans; total 27,687.
Soit 92,29 individus âgés de 15 à 20 ans, sur mille habitants.
La moyenne générale n'est que de 88,08 sur mille.

3 33,683 hommes et 26,062 femmes âgés de 20 à 30 ans; total 59,745.
Soit 167,38 sur mille.
La moyenne générale n'est que de 163,46 sur mille.

4 32,075 hommes et 24,718 femmes âgés de 30 à 40 ans; total 56,793.
Soit 189,31 sur mille.
La moyenne générale n'est que de 147,53 sur mille.

5 27,653 hommes et 23,678 femmes âgés de 40 à 50 ans; total 51,331.
Soit 171,10 sur mille.
La moyenne générale n'est que de 124,65 sur mille.

6 18,794 hommes et 18,494 femmes âgés de 50 à 60 ans; total 37,288.
Soit 157,62 sur mille.
La moyenne générale n'est que de 101,70 sur mille.

7 12,776 hommes et 12,245 femmes âgés de 60 à 70 ans; total 25,021.
Soit 83,40 sur mille.
La moyenne générale n'est que de 64,55 sur mille.

8 8,397 hommes et 6,637 femmes de 70 à 80 ans; total 15,034.
Soit 42,11 sur mille.
La moyenne générale n'est que de 30,15 sur mille.

9 1,229 hommes et 1,359 femmes âgés de 80 à 90 ans; total. 2,588.
Soit 8,62 sur mille.
La moyenne générale n'est que de 6,34 sur mille.

10° 45 hommes et 49 femmes âgés de 90 à 98 ans; total 94.
Soit 0.34 sur mille.

La moyenne pour tous les départements était, en 1851,
de 101,49 individus, âgés de 60 ans et au-dessus, sur 1.000
habitants ;

Pour le Var. cette proportion était de 135,79 sur 1,000.

On aura remarqué que d'après les chiffres comparatifs qui
précèdent, le département du Var possède, dans chaque période d'âge, un plus grand nombre d'individus, ce qui prouve
que dans notre département la mortalité est moins grande,
en moyenne, que dans les autres départements. Mais ce qui
est plus à l'avantage encore du Var, c'est que la proportion
devient plus sensible en avançant dans la vie, ainsi, pour les
individus de moins de 15 ans et de 15 à 20 ans, la différence
en notre faveur n'est que de trois et quatre sur mille; mais,
à partir de 30 ans, cette différence s'élève à trente, quarante
et même cinquante, sur mille.

On doit en conclure que l'on vit plus long-temps dans le
Var que dans le plupart des autres départements.

Les départements qui ont le plus de vieillards. d'après le
dernier recensement sont :

1° La *Corrèze*, 119 femmes et 108 hommes âgés de 95 à 99 ans; 3
hommes et 2 femmes âgés de 100 ans.

2° La *Dordogne*, 56 femmes et 45 hommes âgés de 90 à 99 ans; 6
femmes et 3 hommes âgés de 100 ans et 7 femmes et 4 hommes
âgés de plus de 100 ans.

3° Les *Basses-Pyrénées*, 39 femmes et 35 hommes âgés de 95 à 99
ans; 10 hommes et 10 femmes âgés de 100 ans. et 2 hommes 5
femmes âgés de plus de cent ans.

Le département des Basses-Pyrénées est celui où il y a le plus de centenaires, 27. Il y en a 20 dans la Dordogne et 5 dans la Corrèze.

Un fait à remarquer c'est que les vieillards du sexe féminin sont plus nombreux que ceux de l'autre sexe.

Ainsi, dans la Corrèze, sur 232 individus âgés de 95 à 99 et au-dessus, 121 appartiennent au sexe féminin et 111 au sexe masculin.

Sur les 27 centenaires des Basses-Pyrennées on compte 15 femmes et 12 hommes.

Sur les 121 individus âgés de 95 ans et au-dessus, dans la Dordogne, il y en a 69 du sexe féminin et 52 du sexe masculin.

Et cette plus grande longévité des femmes est d'autant plus notable que, dans ces 3 départements, l'élément masculin domine; la différence est peu sensible il est vrai, cependant, dans les naissances, on remarque beaucoup plus de garçons que de filles.

D'ailleurs, en faisant ce calcul pour toute la France on trouve que, jusqu'à l'âge de 50 ans, l'élément masculin domine, et qu'à partir de cet âge le nombre des femmes devient plus grand que celui des hommes, dans une proportion plus forte qu'elle n'existe dans le rapport des deux sexes.

Ainsi, on compte, en France :

Femmes.	17,988,206
Hommes.	17,794,964
Soit une différence à l'avantage du sexe féminin, de.	293,382

Or, de 5 ans accomplis à 50 ans :

Le nombre des hommes est de. . .   14,329,948

Celui des femmes est de.   14,157,846

Différence à l'avantage du sexe masculin. .   172,102

Et de 50 ans à 100 ans et au-dessus :

Le nombre des femmes est de. . .   3,818,669

Celui des hommes est de.   3,447,052

Différence à l'avantage du sexe féminin. .   371,617

Il y a, en outre, 29,655 individus dont on n'a pas pu constater l'âge. Sur lesquels on en compte 17,964 du sexe masculin et 11,691 du sexe féminin.

INFIRMITÉS.

Le dénombrement de 1851 ne fait connaître que le chiffre des infirmes existant dans les villes chefs-lieux.

Ce chiffre est, pour la France, de 82,871, soit, en moyenne, 963 par département.

Pour le Var, le nombre des infirmes, recensés dans les villes chefs-lieux d'arrondissement, est de 964; nous atteignons donc la moyenne, mais il y a lieu de remarquer que cette moyenne ne peut donner une idée exacte, même approximativement, des infirmes existant dans l'ensemble de la population ; car les départements qui renferment comme le Var, une ou plusieurs villes très-populeuses donneront toujours un nombre plus grand d'infirmes bien que, souvent, il n'en restera que très peu dans le surplus de la population,

Voici le détail des infirmes recensés dans les principales

villes de la France, avec indication de la moyenne par département.

6,440 aveugles, soit par département.		. . . .		77
7,006 borgnes	—	. . . .		84
1,856 sourds et muets	—	. . . .		21
14,418 aliénés	—	. . . .		167
53,151 autres infirmes	—	. . . .		618
82,871		Soit par département	. . . . .	964

Les 964 infirmes du département du Var se divisent ainsi qu'il suit :

98 aveugles	Chiffre de beaucoup supérieur à celui indiqué comme moyenne.
82 borgnes.	Soit un borgne de plus que la moyenne.
53 sourds et muets . .	Chiffre de beaucoup supérieur à la moyenne.
58 aliénés	Ce nombre ne peut être comparé à la moyenne. Le chiffre de 14,418 qui a servi à l'établir comprend, en effet, les aliénés renfermés dans les asiles ; or, les villes qui n'ont pas d'asile ne peuvent être mises en parallèle avec celles qui en possèdent.
673 infirmes non classés.	Chiffre supérieur à la moyenne qui est de 618.

Nous avons donné ces quelques indications, sur les infirmes, pour ne pas laisser notre travail incomplet ; mais nous sommes bien persuadés qu'elles sont à peu-près toutes fort inexactes; car, d'après le relevé qui précède, nous aurions plus d'infirmes que dans la moyenne des départements et cependant les opérations du recrutement constatent, chaque année, que le contingent du Var est un des plus facilement obtenus.

MARIAGES.

Le rapport des mariages à la population pour les 14 principaux Etats de l'Europe est de 1 sur 123 habitants.

Pour la France ce rapport est de 1 sur 126 (1).

Quant aux autres Etats : Belgique , 1 sur 154 ; Bavière 1
sur 151 ; Bade et Wurtemberg, 1 sur 144 ; Naples et Toscane,
1 sur 143 ; Hollande, 1 sur 135 : Suisse, 1 sur 133 ; Hanovre
1 sur 131 ; Danemarg et Suède, 1 sur 129 ; Norwége, 1 sur
127 ; Saxe et Angleterre 1 sur 121 ; Autriche , 1 sur
110 ; Prusse , 1 sur 112 ; Etats-Sardes, 1 sur 55 ; Russie ,
1 sur 49.

M. Legoyt, économiste distingué qui a traité toutes les
questions relatives au mouvement de la population d'une
manière fort remarquable , dans l'ouvrage de statistique dont
les détails qui précèdent sont extraits (2) , s'explique ainsi au
sujet des causes qui peuvent influer sur le nombre des mariages :

« L'action des climats ne paraît pas exercer une influence
« sensible sur le nombre des mariages.

« Il en est peut-être autrement des religions. Un mur
« examen démontre toutefois que , si le sentiment religieux
« exerce une influence favorable au mouvement des mariages

(1) Ce rapport a été obtenu par la comparaison du chiffre de la population ,
année moyenne d'une période de 15 ans , avec le nombre de mariages , année
moyenne d'une même période.

(2) *Dictionnaire de l'économie politique* , page 408.

« en prévenant les unions illicites, l'état économique des
« divers pays, en rendant les conditions d'existence plus ou
« moins difficiles, les institutions civiles et sociales, en favo-
« risant ou non l'imprévoyance, en facilitant ou non la for-
« mation des familles, enfin la législation civile du mariage
« elle-même, en multipliant ou non les formalités prélimi-
« naires, peuvent accroître ou diminuer les mariages. C'est
« ainsi, qu'en Russie, les moyens d'existence assurés aux
« parents et aux enfants sur les terres du seigneur peuvent
« déterminer un plus grand nombre de mariages que dans
« le reste de l'Europe.

« Quant à la situation économique des Etats, on ne saurait
« nier qu'elle entre pour une part considérable dans les
« causes qui déterminent l'homme à sortir du célibat, ou à y
« rester.

« L'influence de la situation économique est telle que les
« moindres changements dans cette situation se reflètent,
« avec une extrême fidélité, dans le nombre des mariages.
« Ainsi, en 1847, année de cherté, le chiffre des mariages
« descend en France, de 270,633, en 1846, à 249,797 et
« en Angleterre, de 145,664 à 135,845; soit une diminu-
« tion de 8 et 7 pour 100. Les bouleversements politiques,
« en jetant de vives inquiétudes sur l'avenir, produisent le
« même résultat. »

Enfin, M. Legoyt fait remarquer que dans les pays où le
chiffre des adultes de 20 à 30 est plus grand, celui des mariages s'en ressent favorablement.

L'application que nous avons faite de ces observations au département du Var nous a démontré toute leur justesse.

Dans notre département, en effet, le rapport des mariages à la population est très-élevé; il est de 1 sur 66 (1).

Nous avons donc un plus grand nombre de mariages que dans la plupart des Etats d'Europe, les Etats-Sardes et la Russie sont les seuls pays où ils soient plus nombreux.

C'est que le Var possède précisément les conditions qui, d'après M. Legoyt, ont le plus d'influence sur les mariages. Le sentiment religieux y domine, la situation économique est excellente, et les adultes de 20 à 30 y sont en très-grand nombre; nous avons vu, en effet, plus haut que l'on en compte dans notre département 199,14 sur mille habitants, tandis qu'en Angleterre, pays cité comme celui d'Europe où il en existe le plus, ce chiffre ne s'élève qu'à 172,80 sur mille.

L'observation de M. Legoyt relative à l'influence très-sensible qu'exerce la situation économique sur le nombre des mariages, trouve également son application dans le Var; ainsi, en 1847, année de la cherté des vivres, prise pour terme de comparaison par cet économiste, le chiffre de mariages est descendu de 2,763 à 2,373.

Nous avons déjà dit que le nombre des veuves était plus grand que celui des veufs, nous pensons que cet excédant provient en partie de ce que les veufs se remarient plus faci-

(1) La population du département, année moyenne d'une période de 15 ans (1836 à 1851) est de 345,278. Le nombre des mariages, année moyenne de la même période, est de 5,178.

lement. Il y a, en effet, année moyen en France (1) 25,924
mariages entre veufs et veuves tandis que le nombre des mariages entre les veuves et les garçons ; n'est que de 10,291.

Peut-être faut-il attribuer cet empressement des veufs à
se marier, moins à un manque d'attachement et de fidélité à
la mémoire de leur première femme, qu'à des nécessités de
ménage.

L'excédant des veuves peut s'expliquer aussi par la différence
d'âge des époux ; les hommes, en général, se marient dans
un âge beaucoup plus avancé que les femmes, il n'est donc
pas étonnant qu'ils soient les premiers à mourir, et que, par
conséquent, le chiffre des veuves soit plus nombreux que
celui des veufs.

Voici, d'ailleurs, quelques chiffres extraits du recensement
de 1851, qui feront connaître la différence notable qui existe
entre l'âge des mariés.

Agés de 15 ans.	Femmes mariées.	265.	Hommes.	2
— 16	—	. . 2,168.	— . . .	4
— 17	—	. . 5,960.	— . . .	44
— 18	—	. . 16,437.	— . . .	845
— 19	—	. . 27,355.	— . . .	1,966
		52,185.		2,821

Agés de 20 à 25 ans. Femmes. . . 455,636. Hommes. . . 151,237.
— 35 à 40 ans. Femmes. . . 962,816. Hommes. . 1,000,295.

De 15 à 20 ans, il y a donc dix-huit femmes mariées
pour un homme marié.

(1) Periode quinquennale de 1846 à 1851.

De 20 à 25 ans, la comparaison est encore du triple en faveur des femmes.

Mais de 35 à 40 ans, le nombre des hommes mariés devient plus fort que celui des femmes.

Il y a eu en France, année moyenne, (période quinquennale de 1846 à 1851) 277,617 mariages, dont :

> 231,968 entre garçons et filles.
> 10,291 entre garçons et veuves.
> 25,924 entre veufs et filles.
> 9,434 entre veufs et veuves.

TOTAL ÉGAL.. . 277,617

DÉPARTEMENT DU VAR.

Nombre de mariages, pendant une année moyenne, de la période quinquennale de 1846 à 1851 : 2,627, dont :

> 2,200 entre garçons et filles.
> 105 entre garçons et veuves.
> 225 entre veufs et filles.
> 97 entre veufs et veuves.

TOTAL ÉGAL. . 2,627

Dans notre département on se marie, en général, beaucoup plus tôt que dans la moyenne des autres départements; cela s'explique par l'action de notre climat. On sait, en effet, que dans le Midi l'âge de la nubilité arrive plus promptement que dans le Nord.

Ainsi, pour les femmes, tandis qu'il y a en moyenne en France 146 femmes mariées âgées de 15 à 20 ans, sur 100,000 habitants; cette proportion est de 285 pour le Var (1).

(1) En 1851, le nombre de femmes mariées âgées de 15 à 20 ans était, pour toute la France, de 552,185 et pour le seul département du Var ce nombre était de 856.

Si nous comparons le nombre des mariages avec celui des naissances, nous aurons:

POUR LA FRANCE.

277,619 mariages et 881,660 naissances, déduction faite de 67,994 enfants naturels; soit en moyenne 3,17 enfants pour un mariage.

DANS LE DÉPARTEMENT DU VAR.

2,627 mariages et 8,217 naissances, déduction faite de 422 enfants naturels. Ce qui donne, 3,12 enfants par mariage.

POPULATION CLASSÉE SELON LA PROFESSION.

FRANCE.

Agriculture . . . . 14,318,476 , soit 400,15 sur mille hab.
Industrie et commerce . . . . 6,044,286 , soit 168,91 —
Professions libérales et rentiers 2,267,960 , soit 63,38 —
Domesticité . . . . 906,666 , soit 25,33 —
Femmes et enfants à la charge de leurs maris ou parents, et désignations diverses. . . . 12,245,782 , soit 342,23 —

Population totale. . . 35,783,170

DÉPARTEMENT DU VAR.

Agriculture. . . . . 136,999 , soit 382,71 sur mille hab.
Industrie et commerce . . . . 51,566 , soit 140,05 —
Professions libérales et rentiers 48,647 , soit 135,89 —
Domesticité. . . . . 7,444 , soit 20,79 —
Femmes et enfants à la charge de leurs maris ou parents et désignations diverses. . . . 113,311 , soit 316,53 —

Population du département. 357,967

AGRICULTURE.

Population mâle adulte.

FRANCE.

2,733,977 propriétaires-cultivateurs, soit 76,58 sur mille habitants.

988,460 fermiers	27,68	—
539,232 métayers	15,10	—
2,338,268 journaliers	65,49	—
1,049,541 domestiques	29,11	—
122,581 bucherons-charbonniers	3,43	—
7,771,929	217,39	—

VAR.

32,380 propriétaires-cultivateurs, soit 99,79 sur mille habitants

9,904 fermiers	27,74	—
4,995 métayers	13,99	—
19,151 journaliers	53,54	—
8,109 domestiques	22.71	—
920 bucherons-charbonniers	2,57	—
75,459	211,34	—

La comparaison de ces deux tableaux donne lieu aux observations suivantes :

1° Le département du Var n'atteint pas, à peu de chose près, la moyenne des autres départements, au point de vue du nombre des agriculteurs; mais nous croyons que si on les classait d'après la richesse des produits, il prendrait rang parmi les premiers.

2° Il y a beaucoup plus de propriétaires-cultivateurs dans le Var que dans la moyenne des autres départements, soit 90,79 sur mille habitants, au lieu de 76,58.

La propriété est donc beaucoup plus divisée dans notre département (1).

(1) Il y aurait une statistique bien intéressante à faire sur le morcellement de la propriété depuis la publication du Code civil.

Nous n'avons pas pu nous procurer tous les renseignements nécessaires pour établir cette statistique depuis le 29 avril 1803, époque de la publication du Livre III du Code civil; les documents que nous avons pu réunir nous permettent seulement de faire connaître quel a été le mouvement de la propriété depuis 1815; mais tout incomplètes qu'elles sont, ces indications nous ont paru avoir assez d'intérêt pour être publiées.

Le nombre des côtes foncières était pour tous les départements réunis :

de . . . . 10,083,751 en 1815.

et s'élevait à. . 13.122,758 en 1854.

Différence . 3,039,007

Soit en moyenne, une augmentation de 30 pour cent.

En ce qui concerne spécialement le département du Var, cette proportion est de 29 pour cent le nombre des côtes foncières était :

de . . . . 94,782 en 1815.

et s'élevait à . . 122,482 en 1854.

Différence . . 27,700

Mais cette proportion du morcellement de la propriété a dû être bien plus forte de 1803 à 1815; car, pour le seul département du Var, pour lequel nous avons pu recueillir des renseignements remontant à 1808, l'augmentation du nombre des côtes foncières a été depuis cette époque de 47 pour cent.

Ainsi on n'en comptait en 1808 que 83,865

Ce nombre s'élevait en 1854. 122,482

Différence. . . . . 38,617, soit 47 pour cent.

Il y a lieu de remarquer que le chiffre des côtes foncières que nous donnons s'applique aussi bien à la propriété rurale qu'à la propriété urbaine. Par conséquent, le calcul qui précède, et du quel il résulte que le morcellement s'est opéré dans une proportion moins forte dans le Var que dans la moyenne des autres départements, n'infirme pas les chiffres que nous avons déjà donnés sur le nombre des propriétaires cultivateurs, et qui tendent à prouver que la propriété rurale est plus divisée dans le Var que dans la moyenne des autres départements.

3° Les propriétaires-cultivateurs, les fermiers et les mé-
tayers réunis, forment un total plus fort dans le Var que
dans la moyenne des autres départements, soit 132,42 sur
mille, au lieu de de 119,36 sur mille; tandis que les journaliers, domestiques et bucherons sont moins nombreux dans
le Var que dans la moyenne des autres départements : 78,82
sur mille, au lieu de 98,03.

Nous supposons que cette différence dans la composition
de la population agricole, provient de ce que dans le Var, la
plupart des individus qui détiennent la propriété à titre de
propriétaires ou de fermiers, cultivent eux-mêmes leurs
terres et emploient, par conséquent, moins de journaliers
et de domestiques et souvent même ils prêtent leurs bras aux
propriétaires du voisinage, qui leur rendent le même service
dans d'autres circonstances.

4° Enfin, il pourrait paraître singulier que le département
du Var qui est celui où il existe la plus grande étendue de
bois, soit de beaucoup au-dessous de la moyenne au point
de vue du nombre des bucherons; mais cela s'explique par
la raison que nous venons de donner relativement aux journaliers, et aussi parce que, au besoin, tous les cultivateurs
deviennent bucherons ainsi que nous l'avons fait remarquer
dans la première partie de cet ouvrage, à l'article forêt.

INDUSTRIE ET COMMERCE.

Grandes industries ou manufactures.—Population mâle travaillant dans les manufactures.

FRANCE.

Fabrication des tissus de coton, de soie, de laine, de lin, de chanvre, de poils et de crins. . 492,800, soit 13,76 sur mille hab.

Industrie extractive ou exploitation des mines, carrières, tourbières. . . . . 85,347, 3,79 —

Industrie métallurgique, fabrication du fer, de la fonte et des autres métaux . . . . 56,123, 1,54 —

Fabrication en gros dont le fer et les autres métaux forment la base. . . . . 58,964, 1,65 —

Manufactures diverses. . . . . . 106,569, 2,98 —

TOTAL. . . 799,803, soit 22,40 sur mille hab.

DÉPARTEMENT DU VAR.

Fabrication des tissus de coton, de soie, de laine, de lin, de chanvre, de poils et de crins. . 274, soit 0,76 sur mille hab.

Industrie extractive ou exploitation des mines, carrières, tourbières . . . . 162, 0,45 —

Industrie métallurgique, fabrication du fer, de la fonte et des autres métaux . . . . 180, 0,50 —

À reporter. . . . 617, soit 1,71 sur mille hab.

Revort. . .	617,	soit 1,71 sur mille hab.
Fabrication en gros dont le fer et les autres métaux forment la base.	»	» —
Manufactures diverses	1,626,	4,52 —
TOTAL. . .	2,243,	6,23 sur mille hab.

La situation relativement inférieure du département du Var, en ce qui concerne les grandes industries s'explique naturellement ; notre département est, en effet, essentiellement agricole et sa population est trop faible pour l'étendue et la variété de ses cultures; il en résulte que l'agriculture ne laisse aux arts, même les plus usuels, que le nombre de bras indispensables pour soutenir la fabrication au niveau des besoins du pays. Les grands établissements d'industrie en sont nécessairement bannis.

On aura remarqué cependant, que les manufactures diverses emploient plus d'ouvriers dans le Var que dans la moyenne des autres départements, soit 4,45 sur mille habitants, au lieu 2,98. Il s'agit, sans doute, des industries manufacturières auxquelles l'agriculture fournit la matière première, telles que les tanneries, les filatures de cocons, les savonneries, les moulins à huile, les parfumeries, les fabriques de bouchons, etc., etc., qui sont, en effet, très-nombreux dans le Var et qui tendent à s'augmenter en raison directe des progrès de l'agriculture.

INDUSTRIE ET COMMERCE.

Petite industrie et commerce.— Population mâle et adulte.

FRANCE.

Industrie du bâtiment . . . . . . 888,044, soit 24,37 sur mille hab.
— de l'habillement . . . . 767,156, soit 21,48 —
— de l'alimentation. . . . 594,422, soit 16,65 —
— des transports . . . . . 423,322, soit 11,82 —
— relative aux lettres. . . 57,423, soit 1,60 —
— de luxe . . . . 81,360, soit 2,27 —
Autres industries . . . . 135,177, soit 3,78 —
Professions diverses relatives au
commerce. . . . . 36,614, soit 1,02 —

Total. . . 2,982,518, soit 82,99

DÉPARTEMENT DU VAR.

Industrie du bâtiment . . . . 7,198, soit 20,16 sur mille hab.
— de l'habillement . . . . . 7,880, soit 22,07 —
— de l'alimentation . . . . . 6,255, soit 17,52 —
— des transports. . . . . . . 5,246, soit 14,48 —
— relative aux lettres . . . . 1,069, soit 2,99 —
— de luxe. . . . . 331, soit 92 —
Autres industries. . . . . 1,491, soit 9,77 —
Professions diverses relatives au com-
merce . . . . 425 soit 1,19 —

Total. . . 31,895, soit 89,30

Les détails de ces deux tableaux et leur comparaison en-tr'eux donnent lieu aux observations suivantes :

1° Le département possède, en moyenne, un plus grand nombre d'individus approprié à la petite industrie et au commerce que la plupart des autres départements.

Cette supériorité est due à l'importance de Toulon. Tous les départements qui renferment des villes de premier ordre se trouvent, du reste, dans le même cas.

Mais on remarquera que, si pour presque toutes les petites industries, le département est au-dessus de la moyenne, il en est au-dessous, d'une manière notable, en ce qui concerne l'industrie du luxe.

PROFESSIONS LIBÉRALES.

Population mâle adulte.

FRANCE.

Propriétaires vivant du produit de
leurs propriétés, rentiers . . . 523,970, soit 14,67 sur mille hab.
Pensionnaires de l'état et des com-
munes. 63,238,   1,77   —
Magistrats, fonctionnaires et em-
ployés du gouvernement. . . . 112,818,   3,63   —
Employés des communes. 58,363,   1,35   —
Employés chez des particuliers et
dans des administrations parti-
culières 84,184,   2,35   —
Militaires et marins 356,732,   9,99   —
Pharmaciens, médecins, sages
femmes 26,758,   0,75   —
Avocats, officiers ministériels et
agents d'affaires 29,262,   0,81   —
Instituteurs et professeurs 58,084,   1,62   —
Artistes, architectes, chanteurs,
comédiens, musiciens, sculp-
teurs, statuaires. 19,482,   0,54   —
Hommes de lettres et savants. . . 4,465,   0,12   —
Ecclésiastiques et religion 52,885,   1,48   —

A reporter. . . . . . 1,390,271 soit 39,08 sur mille hab.

Report. . . 1,390,271, soit 39,08 sur mille hab.

Etudiants des facultés et des écoles spéciales	18,634,	0,52	—
Etudiants des établissements d'instruction secondaire	76,553,	2,14	—
Autres professions libérales . . .	38,644,	1,08	—

Total. . . 1,524,102, soit 42,82 sur mille hab.

DÉPARTEMENT DU VAR.

Propriétaires vivant du produit de leurs propriétés, rentiers . . .	8,199, soit 22,96 sur mille hab.		
Pensionnaires de l'état et des communes.	1,590,	4,45	—
Magistrats, fonctionnaires et employés du gouvernement	1,716,	4,80	—
Employés des communes.	586,	1,61	—
Employés chez des particuliers et dans des administrations particulières	922,	2,58	—
Militaires et marins.	23,109,	64,72	—
Pharmaciens, médecins, sages femmes	530,	1,45	—
Avocats, officiers ministériels et agents d'affaires	274,	0,76	—
Instituteurs et professeurs	287,	0,80	—
Artistes, architectes, chanteurs, comédiens, musiciens, sculpteurs, statuaires.	316,	0,88	—
Hommes de lettres et savants . .	19,	0,05	—
Ecclésiastiques et religion	461,	1,29	—
Etudiants des facultés et des écoles spéciales	73,	0,20	-
Etudiants des établissements d'instruction secondaire.	663,	1,86	—
Autres professions libérales . . .	270,	0,75	—

39,017, 109,16

La comparaison de ces deux tableaux fait reconnaître qu'il existe dans le Var un plus grand nombre d'individus exerçant des professions libérales que dans la moyenne des autres départements.

Mais cette supériorité, qui paraît tout d'abord considérable, se réduit à une proportion beaucoup moins grande, lorsqu'on extrait du chiffre des professions libérales le contingent très-nombreux fourni par les militaires formant la garnison de Toulon.

Déduction faite de l'élément militaire, le département reste toujours au-dessus de la moyenne en ce qui concerne la plupart des professions libérales.

Les seules qui font exception sont celles d'agents d'affaires et d'instituteurs.

C'est avec une certaine satisfaction que nous constatons cette pénurie d'agents d'affaires ; elle fait honneur à l'esprit conciliant des habitants du Var.

Nous ne pensons pas que ce moins grand nombre d'agents d'affaires ait le moindre rapport avec l'infériorité numérique des instituteurs et étudiants qui se remarque dans le Var (1).

(1) Cette infériorité de notre département, au point de vue de l'instruction, résulte également des renseignements recueillis par le service du recrutement.

Ainsi, en 1854, on comptait 52,882 conscrits sachant lire sur un contingent de 79,970 ; soit en moyenne, pour tous les départements, 66 sur 100.

Dans le Var, le nombre des conscrits sachant lire était de 440 sur un contingent de 730 ; soit 60 sur 100.

Cette proportion était en 1831:

Pour toute la France de 39,894, sur un contingent de 79,823. Soit en moyenne 49 sur 100. Spécialement pour le Var, de 269 sur un contingent de 807. Soit 33 sur 100.

S'il en était ainsi on pourrait supposer que dans les pays où l'instruction fait des progrès, le goût des procès devient plus général, ce qui serait déplorable; mais il y a lieu de remarquer, d'un autre côté, que beaucoup de jeunes gens se font recevoir docteurs en droit sans pour cela exercer la profession d'avocat.

DOMESTICITÉ. — DÉSIGNATIONS DIVERSES. — INDIVIDUS SANS PROFESSION.

FRANCE.

Domestiques attachés à la personne, au ménage, etc., garçons de café, de restaurant, etc. . . .	906,666,	soit 25,39 sur mille hab.
Mendiants et vagabonds	217,046	6,07 —
Détenus	39,471	1,10 —
Filles publiques	16,239	0,46 —
Individus sans moyens d'existence connus	339,902	9,53 —
Infirmes vivant dans les hospices.	71,113	1,99 —
Femmes vivant du travail ou du revenu de leurs maris	2,883,206	80,70 —
Enfants en bas âge à la charge de leurs parents	8,678,805	243,10 —
Total. . .	13,152,448	soit 372,34 sur mille h,

Il y a eu par conséquent, en 20 ans un progrès de 19 pour cent en moyenne pour tous les départements et de 27 pour cent pour le Var.

Cette augmentation notablement plus forte pour le Var fait espérer que si notre département qui est en ce moment au-dessous de la moyenne, au point de vue de l'instruction, il ne tardera pas à l'atteindre et même à la dépasser.

Domestiques attachés à la personne, au ménage, etc., garçons de café, de restaurant, etc. . . .	7,444, soit 20,87 sur mille hab.	
Mendiants et vagabonds	486,	1,36 —
Détenus	4,230,	10,72 —
Filles publiques	359.	1,00 —
Individus sans moyens d'existence connus	1,575,	4,44 —
Infirmes vivant dans les hospices.	561.	1,57 —
Femmes vivant du travail ou du revenu de leurs maris	30,757,	86,12 —
Enfants en bas âge à la charge de leurs parents	75,383,	211,04 —
	120,795, soit 337,12 sur mille hab.	

Au sujet de ces deux tableaux nous ferons remarquer :

1° Que le département est au-dessous de la moyenne quant aux domestiques, aux mendiants, aux individus sans moyens d'existence connus, aux infirmes et aux enfants en bas-âge à la charge de leurs parents.

Notre infériorité relativement à cette catégorie de population, est une nouvelle preuve de la bonne situation économique et sanitaire du département.

2° Que le Var est au-dessus de la moyenne en ce qui concerne les détenus, les filles publiques et les femmes vivant du travail, ou du revenu de leurs maris.

Il n'est pas étonnant que les détenus et les filles publiques soient en plus grand nombre dans le Var que dans la plupart des autres départements ; le bagne de Toulon motive le

TROISIÈME PARTIE.

———⊷———

VOIES DE COMMUNICATION.

premier chiffre et la nombreuse garnison de cette ville, ainsi que les débarquements journaliers des marins rendent tout-à-fait nécessaire la population exceptionnelle qui forme le second chiffre.

Quant au plus grand nombre de femmes vivant du revenu de leurs maris, il constitue évidemment une aisance plus générale.

VOIES DE COMMUNICATION.

————

CHAPITRE PREMIER.

VOIES DE COMMUNICATION FLUVIALES EN FRANCE.

————

1° RIVIÈRES NAVIGABLES.

Longueur de leur cours par bassins. (1)

Bassin du Rhin	1,007,300 mètres.
— de la Seine	1,838,758 —
— de la Loire	2,339,917 —
— de la Garonne	2,397,035 —
— du Rhône	1,234,640 —
TOTAL GÉNÉRAL	8,817,650 mètres.

2° CANAUX.

Au 31 décembre 1854, leur nombre était de 97. ayant ensemble une longueur de 4,715,180 mètres.

————

(1) On donne le nom de *bassins* à des portions déterminées du sol d'un pays qui versent leurs eaux dans un même réservoir, tels qu'une mer, un lac, un fleuve ou tout autre cours d'eau.

L'étendue totale de la navigation intérieure de la France
se résume donc ainsi qu'il suit :

  1° Par les rivières. . . . . . . 8,817,650 mètres.
  2° Par les canaux. . . . . . . 4,715,180 —

      Total. . . . . . . 13,532,830 mètres.

Le Var ne possède aucune voie de communication fluviale.

CHAPITRE II.

§ 1ᵉʳ.

ROUTES IMPÉRIALES EN FRANCE.

La France est sillonnée par 654 *routes impériales*, ayant
une longueur totale de 36,038.019 mètres, et donnant lieu
à une dépense d'entretien de 23,097,727 francs, savoir :

1° Pour les parties de routes entretenues en *pavés*, ayant un parcours de 3,388,116 mètres, *dépense annuelle*.   3,000,790 fr.

2° Pour celles entretenues *en empierrements*
d'une longueur totale de 32,329,671 mètres,
dépense annuelle. 20,096,937

      Total égal. . . 23,097,727 fr.

Le chiffre moyen de la circulation diurne est de **255
colliers en réduite. (1)**

(1) Nous devons expliquer le sens du mot colliers en réduite.
Le nombre de ces colliers comprend :
1° Le nombre total des colliers attelés à des voitures chargées ; 2° *le tiers
seulement* des colliers attelés à des voitures vides.
      EXEMPLE.
Le relevé de la circulation d'un département ayant donné les résultats suiv·nts

La longueur des routes impériales en France par rapport à la population est de 1ᵐ 007 mill. par habitant.

Cette longueur par rapport à la contenance superficielle du territoire est de 0ᵐ 68 centimètres par hectare.

§ 2.

DÉPARTEMENT DU VAR.—ROUTES IMPÉRIALES.

Le département du Var est traversé par 7 routes impériales, portant les numéros 7, 8, 8 *bis*, 85. 95, 97 et 98.

Elles ont une longueur totale de 376,135 mètres et donnent lieu à une dépense annuelle d'entretien de 178,800 fr. savoir :

1° Parties de routes entretenues en pavés 4,015 mètres, dépense. . . . .   8,000 fr.

2° Parties de routes entretenues en empierrements, longueur 372,120 mètres, dépense.   170,800

TOTAL ÉGAL. . . . .   178,800 fr.

Le chiffre moyen de la circulation diurne dans le département du Var est de 299 *colliers en réduite*.

Celui de la France est de 255.

Colliers chargés.   120
Colliers de voitures à vide.   54

TOTAL.   174

Le nombre des colliers en réduite à déduire serait :
1° La totalité des colliers chargés.   120
2° Le tiers des colliers de voitures à vide 34/3. .   18

TOTAL (colliers en réduite).   138

La désignation de colliers a d'ailleurs été appliquée indistinctement à tout animal attelé ; aux mulets, aux ânes et aux bœufs, comme aux chevaux.

Nous avons donc, au point de vue des routes impériales, une supériorité marquée sur la moyenne des autres départements.

Les départements qui ont la plus grande circulation sur les routes impériales sont :

La *Seine*, (département exceptionnel) 1755 colliers. — 135 kil. — population 1,422,065.

La *Gironde*, 1626 colliers.— 393 kil. de routes impériales.— population 614,387.

L'*Aube*, 1037 colliers. — 378 kil. de routes. — population 265,247.

Dans aucun autre département la circulation ne s'élève au-dessus de 400 colliers, à l exception toutefois du *Rhône*, 598 colliers, et des *Bouches-du-Rhône*, 639 colliers.

Les départements qui ont le moins de circulation sur les routes impériales, sont :

La *Corse*, 40 colliers sur un parcours de 782 kil — population 236,251.

Les *Hautes-Alpes*, 56 colliers sur une longueur de 357 kil.

Les *Basses-Alpes* et la *Lozère*, 63 colliers ; le premier sur une longueur de 224 kil., le second sur 473 kil.

La longueur totale des routes impériales, en France, est de 36,038 kilomètres.

Cette longueur divisée entre les 86 départements donne une moyenne de 419 kilomètres.

Le département du Var est au-dessous de cette moyenne, il n'a que 376 kilomètres.

Mais d'un autre côté, si on compare le chiffre de la population à celui des kilomètres de routes impériales, on trouve que le département du Var a plus d'étendue de route par habitant que n'en ont, en moyenne, les autres départements.

En effet, nous avons vu plus haut que la longueur moyenne des routes impériales, en France, par rapport à la population, était de 1ᵐ 007 millimètres par habitant.

Or, la longueur des routes impériales du Var est de 376,135 mètres pour une population de 357,967. En divisant le premier de ces deux chiffres par le second. on a 1ᵐ 05 c. par habitant.

En ce qui concerne la longueur des routes impériales par rapport à la contenance superficielle, le département du Var est au-dessous de la moyenne.

Cette moyenne est, en France, de 0ᵐ 68 cent. par hectare; elle n'est dans le Var que de 0,52 cent.

ROUTES STRATÉGIQUES.

On sait que ces routes ont été établies, dans les départements de l'ouest, à la suite des derniers troubles de la Vendée. Elles sont entretenues à la fois aux frais de l'Etat et des départements traversés.

Nombre de routes, 69.

Longueur totale 1463,409 mètres donnant lieu à une dépense d'entretien de 628,044 francs, savoir

Parties de routes entretenues *en pavés* : 356 mètres, dépense annuelle. . . . .   200 fr.

Parties de routes entretenues en empierrements.

1,463,053, dépense. . . . . 628,044 fr.

TOTAL.. . . . . 628,244 fr.

Le département du Var n'a pas de routes stratégiques.

ROUTES DÉPARTEMENTALES EN FRANCE.

Ces routes sont au nombre de 1,694 et présentent une longueur totale de 45,626,708 mètres, dont :

38,786,643ᵐ. . . . . à l'état d'entretien.
3,565,540ᵐ. . . . . à l'état de réparation.
3,274,525ᵐ. . . . . à terminer.

45,626,708ᵐ.

La longueur totale des routes départementales comparée à la population s'élevant à 35,783,170 donne une moyenne de 1ᵐ 27 c. par habitant.

Cette même longueur comparée à la contenance superficielle de la France qui est de 52,305,744 hectares, donne une moyenne de 0,85 c. par hectare.

DÉPARTEMENT DU VAR.—ROUTES DÉPARTEMENTALES.

Notre département possède 22 routes départementales parcourant 611.943 mètres, dont

187,673 mètres. . . . . à l'état d'entretien.
115,000 — . . . . à l'état de réparation.
9,270 — . . . . à terminer.

611,943 mètres.

La longueur totale des routes départementales étant en France de 45,626 kilomètres et le nombre des départements de 86 ; la moyenne de longueur de routes par département est de 530 kilomètres.

Le département du Var est *au-dessus* de la moyenne d'une manière très sensible : il a 611 kilomètres.

Il est également *au-dessus* de la moyenne en comparant la population par rapport aux routes départementales.

Ainsi, nous savons déjà que la longueur moyenne des routes départementales, en France, calculée par rapport à la population, est de 1m 25 c. par habitant.

Or, la population du Var étant de 357,967, et la longueur de ses routes de 611,943m, nous trouvons en divisant le chiffre des routes par celui de la population, qu'il a 1m 77 c. de routes par habitant.

Si nous faisons le même calcul en ce qui concerne les routes par rapport à la contenance superficielle, nous trouvons :

Pour la France une moyenne de 0,85 c. par hectare.

Pour le Var, dont la contenance superficielle est de 722,609m et la longueur des routes de 611,943m, cette moyenne est de 0m 84 c.

Les départements de France qui ont la plus grande longueur de routes départementales sont l'*Indre et-Loire*, la *Dordogne* et la *Seine-et-Marne*.

1° L'*Indre-et-Loire* a 1,202 kilomètres de routes, tandis que la moyenne n'est que de 530 k.

Il a 3 m. 81 c. de routes par habitant, au lieu de 1 m. 27 c., chiffre moyen pour la France.

Il conserve cette supériorité en ce qui concerne la super-ficie. Il a 1 m. 90 c. de routes par hectare au lieu de 0,85 c.

2° La *Dordogne* a 1,024 kil. de routes. La moyenne pour la France n'est que de 530 k.

Il a 2 m. 02 c. par habitant, la moyenne n'est que de 1 m. 27 c.

Même supériorité quant à la contenance superficielle, 1 m. 11 c. au lieu de 0 m. 85.

Enfin, la *Seine-et-Marne*, 1,040 k. au lieu de 530.

3 m 01 c. par habitant au lieu de 1 m. 27 c.

1 m. 81 c. par hectare au lieu de 0 m. 85 c.

Les départements qui ont le moins d'étendue de routes départementales sont la *Corse* et les *Hautes-Alpes*.

1° La *Corse*. n'a que 63 kil. tandis que la moyenne est de 530 k.

Cette longueur calculée par rapport à la population ne donne que 0,26 c. par habitant au lieu de 1,27 c.

Nous ne pouvons pas faire connaître le rapport qui existe entre les routes de la Corse et sa contenance superficielle, le cadastre n'ayant pas encore terminé ses travaux en ce qui concerne ce département.

2° Les *Hautes-Alpes*, 74 kil. de routes au lieu de 530 k. — 0 m. 56 c. par habitant au lieu de 1 m. 27 c. — 0 m. 13 c. par hectare au lieu de 0 m. 85 c.

CHEMINS VICINAUX EN 1841 ET 1851.

On donne le nom de chemin de *grande communication* à ceux de ces chemins qui reçoivent une subvention sur les fonds départementaux ; les chemins de *petite communication* sont entretenus exclusivement, sauf dans des cas très rares , par les communes.

Le nombre des chemins vicinaux était
en 1841 de. . . 337,529
et en 1851 de. . 284,737

Différence en moins. . 52.792

Ils avaient une longueur totale
en 1841 de. . . 639,862 kil.
et en 1851 de. . 558,441

Différence en moins. . 81,421 kil.

Nous expliquerons cette diminution notable après avoir donné la répartition de ces chemins en *chemins de grande et de petite communication*.

CHEMINS DE PETITE COMMUNICATION.

Nombre en 1841. 334,984
— en 1851. 284,472

Différence en moins en 1851. 53,512

Étendue en 1841. . . . . 585,887 kil.
— en 1851. 490,492

Différence en moins en 1851. 96,395 kil.

CHEMINS DE GRANDE COMMUNICATION.

Nombre en 1851. 3,265
— en 1841. 2,545

Différence en plus. 720

Longueur en 1851. . . . . 67,949 kil.
— en 1841. 52,975

Différence en plus. . . . . 13,974 kil.

On remarque que, de 1841 à 1851, le nombre des chemins de grande communication s'est accru de 720 (13,974
kilom.) et celui des chemins de petite communication a diminué de 53,512 (96,395 kilom.).

Un déclassement aussi considérable prouve évidemment
que les ressources communales ne pouvaient suffire à l'entretien de tous les chemins existant en 1841. L'administration a donc dû provoquer la suppression de tous ceux dont
l'utilité n'était pas complètement démontrée, pour assurer le
bon entretien des autres.

Cette observation n'est pas applicable au département du
Var, dont les communes possèdent en général les ressources
nécessaires pour l'entretien de leurs chemins de petite communication. Dans ce département au contraire, les chemins
de petite communication ont augmenté de nombre et d'é-
tendue, ainsi, du reste, que nous le verrons plus bas.

En 1841, le rapport de la longueur des chemins vicinaux
à la superficie du département moyen était de 12 mètres
269 millimètres ; il n'était plus en 1851 que 10 m. 676 mill.

Cette diminution s'explique par la suppression des chemins de petite communication dont il vient d'être parlé.

DÉPARTEMENT DU VAR.— CHEMINS VICINAUX.

Chemins de petite comunication.

Nombre en 1853. . 800. Longueur. . 2,397,649 m
— en 1841. . 788. Longueur. . 2,249,000

Différence en plus. . 12. 148,649

Chemins de grande communication.

Nombre en 1853. . 49. Longueur. . 1,038,154 m.
— en 1841. . 30. Longueur. . 731,000

Différence en plus. . 19. . 307,154

Nous venons de faire remarquer que, de 1841 à 1851, le nombre des chemins de petite communication avait diminué en France de 53,512 ayant une longueur totale de 96,395 kilom., c'est-à-dire en moyenne, par département, de 622 chemins ayant une longueur de 1,118 kil. (1).

Nous avons dit que ce déclassement considérable prouvait que les ressources communales ne pouvaient suffire à l'entretien de tous les chemins existant en 1841.

Notre département est loin de se trouver dans cette fà-

(1) Ces chiffres ne sont pas absolument conformes à ceux indiqués ' ns les do_ cuments publiés par le ministère. Ils sont extraits d'un rapport officiel, très-remarquable, de M. Jourdan, agent-voyer chef, sur la situation du service au 31 décembre 1853, rapport qui a été mis sous les yeux du Conseil Général par M. le Préfet et inséré, in extenso, à la suite du procès-verbal des délibérations de ce conseil.

cheuse situation. Non seulement on ne s'est pas trouvé dans la nécessité de supprimer une partie des chemins vicinaux existant en 1844 mais encore, ainsi que cela résulte de la récapitulation qui précède; le nombre de ces chemins a été augmenté de 12 ayant une longueur totale de 148,649 mètres.

Il en est de même pour les chemins de grande communication. De 1844 à 1851, le nombre de ces chemins a augmenté, en France de 720 ayant une longueur totale de 14,674 kil. soit en moyenne par département, 8 chemins d'une longueur totale de 170 kilom.

Dans le Var, le nombre des nouveaux chemins classés est de 19, parcourant 307 kilom.

Cette supériorité marquée de notre département sur la moyenne des autres départements, en ce qui concerne l'entretien des chemins sxistants et l'ouverture de nouveaux chemins vicinaux, démontre d'une manière évidente que la situation financière de nos communes est actuellement très-bonne et qu'elle gagne tous les jours.

Cependant nous avons encore beaucoup à faire pour nous placer au rang de la moyenne des départements pour le nombre et l'étendue des chemins vicinaux.

En effet, malgré la suppression considérable des chemins de petite communication qui a eu lieu de 1844 à 1851, le nombre moyen des chemins vicinaux était en moyenne par département, au 31 décembre 1851, de 3,310.

Dans le Var ce nombre n'est que de 839.

La longueur de ces chemins est en moyenne, par département, de 6,377 kilomètres.

Ce chiffre pour notre département n'est que de 3,435 kil.

La longueur des chemins vicinaux par rapport à la population est en France, département moyen, de 15 m. 32 c. par habitant.

Le Var n'a que 9 m. 60 c. de chemins par habitant.

La longueur de ces mêmes chemins par rapport à la contenance superficielle de la France est en moyenne de 10 m. 67 c. par hectare.

Il n'y a dans le Var que 4 m. 75 c. de chemins par hectare.

Les départements de France qui ont la plus grande étendue de chemins vicinaux, sont :

Les Landes.— Superficie totale du territoire, 932,130 h. —Population 302,196. Nombre de chemins 4,504 .— Longueur totale 26,854 kilomètres, soit :

28 m. 80 c. par hectare.
88 m. 87 c. par habitant.

L'Yonne.—Territoire, 742,804 h.—Population, 384,133. —Nombre de chemins, 4,970.—Longueur totale, 19,989 kil., soit :

26 m. 90 c. par hectare.
52 m. 44 c. par habitant.

Les départements qui ont le moins d'étendue de chemins vicinaux, sont :

Le Haut-Rhin.— Territoire, 510.487 hect.—Population, 428,989.—Nombre de chemins, 1,483.— Longueur totale, 2,233 kilom., soit .

4 m. 37 c. par hect.

5 m. 20 c. par habitant.

Les Bouches-du-Rhône.—Territoire, 410,771 h.—Population, 494,147. —Nombre de chemins, 555.— Longueur totale, 2,059 kilom., soit :

5 m. 01 c. par hectare.

5 m. 00 c. par habitant.

RÉSUMÉ GÉNÉRAL

DE LA SITUATION DES ROUTES ET CHEMINS.

ROUTES IMPÉRIALES DE LA FRANCE.

La contenance superficielle de la France est de 52,305,744 hectares.

Sa population est de 35,783,170 habitants.

Elle possède 654 routes impériales ayant une longueur totale de 36,038 kilomètres.

Ce qui donne, *en moyenne par département* : une longueur totale de 449 kilomètres.

Le chiffre moyen de la circulation diurne sur ces routes, pour la France, est de 255 colliers en réduite.

La longueur totale des routes impériales par rapport à la contenance superficielle du territoire est de 68 cent. par hectare.

Cette longueur par rapport à la population est de 1 m. 700 mil. par habitant.

DÉPARTEMENT DU VAR.

Ce département est *au-dessous* de la moyenne, en ce qui concerne le nombre et l'étendue des routes impériales.

Il est beaucoup *au-dessus* de la moyenne quant à la circulation qui est de 299 colliers au lieu de 255.

Il est *au-dessous* de la moyenne au point de vue de la longueur des routes comparée à la contenance superficielle. Il n'a que 0^m,50 cent. par hectare au lieu de 0^m,68 cent.

Il est *au-dessus* quant à la longueur des routes par rapport à la population. Il a 1 m. 05 cent. par habitant au lieu de 1 m. 007 mil.

En somme, sa situation est inférieure au point de vue des routes impériales.

ROUTES DÉPARTEMENTALES.

Il y a en France 1,694 routes départementales, ayant une longueur totale de 45,626,708 mètres.

Soit *en moyenne* par département :

19 routes 4/7 parcourant une étendue de 530 kilomètres.

La longueur totale de ces routes par rapport à la contenance superficielle est de 0^m,85 cent. par hectare.

Cette longueur par rapport à la population est de 1 m. 7 cent. par habitant.

DÉPARTEMENT DU VAR.

Le département du Var est mieux partagé au point de vue de ces routes qu'à celui des routes impériales.

Il est *au-dessus* de la moyenne quant à leur nombre et à leur étendue. Il a 22 routes, parcourant ensemble 611 kil., au lieu de 19 routes 4/7, ayant une longueur de 530 kilom.

Il est également *au-dessus* de la moyenne quant à la longueur des routes par rapport à la population, 1 m. 71 cent. au lieu de 1 m. 27 cent.

Enfin, il atteint *la moyenne*, à très-peu de chose près, quant à cette longueur par rapport à la contenance superficielle 0^m,84 cent. au lieu de 0^m,85 cent.

CHEMINS VICINAUX DE GRANDE COMMUNICATION.

Le nombre de ces chemins, en France, est de 3,265. Leur longueur totale est de 67,949 kilomètres.

Soit en moyenne par département 37 chemins 9/10, ayant une longueur totale de 790 kilomètres.

La longueur de ces chemins par rapport à la contenance superficielle est de 1 m. 29 cent. par *hectare*.

Cette longueur par rapport à la population est de 1^m,89 par *habitant*.

Le département du Var est *au-dessus* de la moyenne quant au nombre et à la longueur totale des chemins de grande communication.

Il en a 49 au lieu de 37 9/10, dont l'étendue totale est de 1,038 kil. au lieu de 790.

Il est également *au-dessus* de la moyenne quant à la longueur desdits chemins par rapport à la contenance superficielle de son territoire. Elle est de 1 m. 43 cent. par hectare au lieu de 1 m. 29 cent.

Il est encore *au-dessus* de la moyenne quant à cette longueur par rapport à la population. Il possède 2 m. 90 c. par habitant, au lieu de 1 m. 89 cent.

Le département du Var est donc au-dessus de la moyenne des autres départements au point de vue des chemins de grande communication.

CHEMINS VICINAUX DE GRANDE COMMUNICATION.

Le nombre de ces chemins est, en France, de 281,472.

Leur longueur totale est de 490,492 kilomètres.

Soit en moyenne, par département, 3,272, ayant une étendue totale de 5,703 kilomètres.

La longueur des dits chemins par rapport à la contenance superficielle est de 9 m. 37 cent. *par hectare.*

Cette longueur par rapport à la population est de 13 m. 76 cent. *par habitant.*

Le département du Var est *au-dessous* de la moyenne quant au nombre et à la longueur des chemins de petite communication. Il n'en a que 800 au lieu de 3,272, et leur étendue n'est que de 2,397 kilomètres au lieu de 5,703.

Il est également au-dessous de la moyenne en ce qui concerne la longueur de ces chemins par rapport à la contenance superficielle et à la population.

Il n'a que 3 m. 22 cent. de chemins par hectare, au lieu de 9 m. 37 cent.

Et 6 m. 69 cent. par habitant au lieu de 13 m. 76 cent.

Au point de vue des *chemins de petite communication*, le département du Var est donc relativement à la moyenne des autres départements, dans une situation d'infériorité bien évidente.

Cependant nous ne pensons pas que cette situation soit aussi fâcheuse relativement aux besoins du commerce et de l'industrie du département.

Il y a lieu de remarquer, en effet, que notre département est avant tout essentiellement agricole, et que ses produits se consomment le plus souvent sur place ou sont échangés entre les habitants d'une même localité. Il en résulte conséquemment bien moins de circulation sur les chemins vicinaux.

La circulation est beaucoup plus grande sur les routes impériales, ainsi que nous l'avons déjà constaté ; mais cela provient surtout de la situation topographique du département du Var. Les produits échangés entre le Piémont et la France traversent le département lorsqu'ils ne sont pas expédiés par la voie de mer.

RÉCAPITULATION DES VOIES DE COMMUNICATION
PAR TERRE.

Ces voies sont en France au nombre de 287.154 ayant une longueur totale de 644,569,136 kilomètres qui se décomposent de la manière ci-après :

654 routes impériales.	Longueur	36,038,019 kil.
69 routes stratégiques.	—	1,463,409
1,694 routes départementales.	—	45,626,708
284,737 chemins vicinaux.	—	558,444,000
TOTAUX . . 287,154 routes.		644,569,136 kil.

Soit 3,339 voies de communication, en moyenne, par département, ayant une longueur totale de 7,460 kil.

La longueur moyenne par département de ces voies de communication, par rapport à la contenance superficielle, est de 12 m. 27 cent. par hectare.

Cette longueur, en moyenne par département, par rapport à la population, est de 17 m. 93 cent. par habitant.

Le département du Var possède 878 voies de communication par terre, ayant une longueur totale de 4,423 kilom., qui se divisent ainsi qu'il suit :

7 routes impériales.	Longueur	376,135 kil.
22 routes départementales.	—	611,943
49 chemins vicinaux de grande communication.	Longueur	1,038,154
800 chemins vicinaux de petite communication.	Longueur	2,397,649
TOTAUX. . . . 878 routes, parcourant		4,423,881 kil.

Notre département est notablement au-dessous de la moyenne des départements au point de vue des voies de communication.

Il n'a, en effet, que 878 voies de communication au lieu de 3,339, ayant une longueur totale de 4,423 kil. au lieu de 7,460.

La longueur moyenne de ces voies de communication par rapport à la contenance superficielle est de 6 m. 12 cent. par hectare, au lieu de 12 m. 27 cent.

Cette longueur, par rapport à la population, est de 12 m. 36 cent. au lieu de 17 m. 93.

Nous n'avons pas compris dans ce résumé comparatif les voies de communications fluviales, d'abord parce que le département du Var n'en a pas, mais aussi, parcequ'elles ne sauraient diminuer la moyenne que nous avons donnée.

En effet, nous trouvons une compensation à la privation de ces voies dans notre situation sur le littoral, car les transports qui ont lieu par mer peuvent largement être mis en parallèle avec ceux qui s'effectuent dans quelques autres départements par les voies fluviales.

Nous ajouterons même que cet écoulement d'une grande quantité de nos produits par les divers ports que nous possédons pourraient bien, si nous établissions une compensation rigoureuse, faire atteindre à nos voies de communication la moyenne et même la dépasse.

D'ailleurs, cette infériorité relative ne saurait donner une opinion défavorable de la situation économique de notre département.

En effet, si le département du Var est, sous le rapport des voies de communications, au-dessous de la moyenne du reste de la France, cela tient à ce qu'il est un pays essentiellement agricole. Que les départements industriels et manufacturiers aient de grands développements de routes, que ces routes y soient très-fréquentées, cela se conçoit sans effort : à l'alimentation de leurs fabriques, à l'approvisionnement de leurs ateliers, correspondent de toute nécessité des mouvements considérables de marchandises, soit en matières premières, soit en produits, ainsi que de nombreux équipages de transport. Dans le Var, il n'y a, à peu près, que des transports de produits agricoles, qui. pour la plupart, n'ont à parcourir qu'un court intervalle, celui qui sépare les champs où ils sont recueillis du marché voisin où ils viennent se consommer. Une certaine quantité ne quitte même pas la ferme, c'est-à-dire, n'emprunte pas les routes : elle e st consommée sur place.

Ce dernier fait se présente dans le département du Var plus, peut-être, que dans tout autre département ; car il n'en est pas, que nous sachions, où la propriété soit plus divisée ; chez nous, presque tous les cultivateurs sont aussi propriétaires, ils exploitent eux-mêmes leurs champs, et gardent les récoltes pour leur usage. De là résulte une grande diminution dans les échanges entre les producteurs et les

consommateurs, et par suite, un moindre besoin de routes,
et une moins grande circulation sur ces routes.

On est donc autorisé à conclure que, si dans leur ensemble
les routes du Var sont moins développées et moins fréquen-
tées que celles de la plupart des autres départements, la
cause en est, du moins en grande partie, dans les circonstances de son sol éminemment fertile, ainsi que dans les
bonnes conditions de ses habitants au point de vue de la
propriété et du bien être de toutes les classes.

TABLEAU STATISTIQUE

DES CHEMINS DE FER EN FRANCE AU 30 JUILLET 1855. [1]

NOMS DES CHEMINS DE FER. — LIGNE PRINCIPALE.	LONGUEUR de la ligne. concédée.	LONGUEUR de la ligne. exploitée.	DÉPARTEMENTS traversés par les lignes principales.	DÉSIGNATION des EMBRANCHEMENTS.	DÉPARTEMENTS qu'ils TRAVERSENT.
1. de Paris à Rouen	131	131	Seine, Seine-et-Oise, Eure, Seine-Inférieure		
2. de Rouen au Havre	92	92	Seine-Inférieure		
3. de Rouen à Dieppe	71	»	Seine-Inférieure	Beuzeville à Fécamp	
4. de Paris à Cherbourg (par Evreux et Caen)	317	»	Seine-et-Oise, Eure, Eure-et-Loir, Calvados, Manche		
5. de Paris à la frontière du Nord	96	710	Seine, Seine-et-Oise, Oise, Somme, Pas-de-Calais, Nord	1. Paris à Creil (2e ligne.	Seine, Seine-et-Oise, Oise
				2. Creil à St-Quentin	Oise, Aisne
				3. Saint-Quentin à la frontière belge	Aisne, Nord
				4. Bussigny à Somain	Nord
				5. St-Quentin à Reims	Aisne, Marne
				6. Amiens à Boulogne	Somme, Pas-de-Calais
				7. Lille à Calais	Nord, Pas-de-Calais
				8. Hazebrouck à Dunkerque	Nord
6. d'Anzin à Somain	49	19	Nord		
7. de Reims à Mézières et Charleville et de Creil à Beauvais	443	»	Marne, Ardennes, Oise	Sedan	Ardennes
A Reporter . .	1736	952			

(1) Les chiffres relatifs à la longueur des chemins exploités font connaître la situation de ces chemins au 30 juillet 1855. Mais en ce qui concerne la longueur des chemins concédés, ces chiffres se rapportent à une époque antérieure; ils sont extraits des documents publiés par le Gouvernement pour l'année 1854 (1er janvier).

NOMS DES CHEMINS DE FER. — LIGNE PRINCIPALE.	LONGUEUR de la ligne		DÉPARTEMENTS traversés par les lignes principales.	DÉSIGNATION des EMBRANCGEMENTs.	DÉPARTEMENTS qu'ils TRAVERSENT.
	concédée.	exploitée.			
Report. . . .	1736	952			
8. de l'Est (de Paris à Strasbourg)			Seine, Seine-et-Oise, Seine-et-Marne, Aisne, Marne, Meuse, Meurthe, Bas-Rhin	1. Nancy à Metz et Forbach et d'Epernay à Reims	Meurthe, Moselle et Marne
				2. Metz à Thionville	Moselle
				Embranchement de Coulommiers	Seine-et-Marne
de Paris à Mulhouse			Seine, Seine-et-Oise, Seine-et-Marne, Aube, Haute-Marne, Haute-Saône, Haut-Rhin		
de Nancy à Gray	1781	1029	Meurthe, Vosges, Haute-Saône		
de Strasbourg à Bâle			Bas-Rhin, Haut-Rhin	Strasbourg à Wissembourg	Bas-Rhin
de Montereau à Troyes					
de Blesmes à Gray			Seine-et-Marne, Aube		
			Marne, Meuse, Haute-Marne, Haute-Saône		
				Paris à Vincennes	Seine
9. de Mulhouse à Thann	21	21	Haut-Rhin		
10. de Dole à Salins	39	»	Jura, Doubs		
11. de Provins aux Ormes	12	»	Seine-et-Marne	1. La Roche à Auxerre	Yonne
12. de Paris à Lyon	747	555	Seine, Seine-et-Oise, Seine-et-Marne, Yonne, Côtes-d'Or, Saône-et-Loire, Rhône	2. Dijon à Besançon et Gray	Côtes-d'Or, Jura, Doubs, Haute-Saône
				3. Besançon à Belfort	Doubs, Haut-Rhin
A Reporter . . .	4336	2557			

NOMS DES CHEMINS DE FER. — LIGNE PRINCIPALE.	LONGUEUR de la ligne		DÉPARTEMENTS traversés par les lignes principales.	DÉSIGNATION des EMBRANCHEMENTS.	DÉPARTEMENTS qu'ils traversent.
	concédée.	exploitée.			
Report....	4336	2557			
13. de Lyon à la frontière de Genève	211	»	Rhône, Ain	Bourg à Mâcon	Ain, Saône-et-Loire
14. de St-Rambert à Grenoble	98	»	Isère, Drôme		
15. de Lyon à la Méditerranée					
Lyon à Avignon				Rognac à Aix	B.-du-Rhône
Marseille à Avignon	624	528	Rhône, Isère, Drôme, Vaucluse, Bouches-du-Rhône, Gard, Hérault, Var	Alais à Grand-Combe	Gard
Nîmes à Montpellier				Alais à Beaucaire	Gard
Montpellier à Cette				Embranchement de la Joliette	B.-du-Rhône
Marseille à Toulon					
16. Orléans et ses prolongements					
Paris à Orléans			Seine, Seine-et-Oise, Eure-et-Loir, Loiret	Corbeil	Seine-et-Oise
Orléans à Châteauroux et au Bec d'Allier			Loiret, Loir-et-Cher, Cher, Indre	Nevers	Nièvre
Chateauroux à Limoges			Indre, Creuse, Haute-Vienne		
Le Guétin à Clermont	1600	1158	Nièvre, Allier, Puy-de-Dôme	St-Germain des Fossés à Roanne	Allier, Loire
Orléans à Bordeaux			Loiret, Loir-et-Cher, Indre-et-Loire, Vienne, Deux-Sèvres, Charente, Charente-Inférieure, Dordogne, Gironde, Indre-et-Loire, Maine-et-Loire, Loire-Inférieure	Poitiers à Rochefort et à La Rochelle	Vienne, Deux-Sèvres, Charente-Inférieure
Tours à Nantes				Tours au Mans	Indre-et-Loire, Sarthe
Nantes à St-Nazaire			Loire-Inférieure		
A Reporter...	6962	4243			

NOMS DES CHEMINS DE FER — LIGNE PRINCIPALE.	LONGUEUR de la ligne concédée.	exploitée.	DÉPARTEMENTS traversés par les lignes principales.	DESIGNATION des embranchements.	DÉPARTEMENTS qu'ils traversent.
Report.....	6962	4243			
17. de Grand-Central			Rhône, Loire	St-Étienne à Montram-bert	Loire
Clermont à Lempdes	455	250	Puy-de-Dôme		
Montauban à la Ri-vière du Lot			Tarn et-Garonne, Tarn, Aveyron		
Contras à Périgueux			Gironde, Dordogne		
18. Bordeaux à Lateste	53	33	Gironde		
19. Chemins du Midi					
Bordeaux à Cette	734	»	Gironde, Lot-et-Garonne, Tarn-et-Garonne, Hau-te—Garonne, Aude, Hérault	Narbonne à Perpignan	Aude, Pyré-nées-Orien-tales
Bordeaux à Bayonne			Gironde, Landes	Mont-de-Marsan	Landes
20. de Grassessac à Béziers	53	»	Hérault		
21. Ouest					
Paris à Versailles (Rive droite)	671	671	Seine, Seine-et-Oise	Embranchement de St-Cloud	Seine-et-Oise
Paris à Versailles (Rive gauche)			Seine, Seine-et-Oise	Raccordement de Vi-roflay	Seine-et-Oise
Versailles à Rennes			Seine-et-Oise, Eure-et-Loir, Orne, Sarthe, Mayenne, Ile-et-Vilaine	Mézidon au Mans	Sarthe, Orne, Calvados
22. de Paris à St-Ger-main	33	33	Seine, Seine-et-Oise	Asnières à Argenteuil	Seine
				Batignoles à Auteuil	Seine
23. Paris à Sceaux	24	23	Seine	Bourg la Reine à Or-say	Seine, Seine-et-Oise
24. Chemin de fer de ceinture	17	6	Seine		
TOTAL.....	8999	5279			

TABLE DES MATIÈRES.

www.ingramcontent.com/pod-product-compliance
Lightning Source LLC
Chambersburg PA
CBHW062022200326
41519CB00017B/4886